保育士を育てる⑦

谷田貝 公昭［監修］

子どもの健康と安全

糸井 志津乃・髙橋 弥生［編著］

一藝社

監修のことば

　本「シリーズ 保育士を育てる」は、保育士を養成する大学・短期大学・専門学校等のテキストとして利用されることを願って刊行するものである。

　本シリーズは、厚生労働省から出ている「保育士養成課程を構成する各教科目の目標及び教授内容について」に準拠したものである。また、ここで取り上げた各教科目は、保育士資格を取得するための必須科目となっているのである。

　保育士とは、「専門的知識及び技術をもつて、児童の保育及び児童の保護者に対する保育に関する指導を行うことを業とする者」（児童福祉法第18条の4）をいう。従前は、児童福祉施設の任用資格であったが、2001（平成13）年の児童福祉法の改正によって、国家資格となった。

　保育士の資格を取得するためには、大学・短期大学・専門学校等の指定保育士養成施設で所定の単位を取得して卒業して得るか、国家試験である保育士試験に合格して取得する方法とがある。

　よく「教育は結局人にある」といわれる。この場合の人とは、教育を受ける人（被教育者）を指すのではなく、教育をする人（教育者）を意味している。すなわち、教育者のいかんによって、その効果が左右されるという主旨である。

　このことは保育においても同じである。保育の成否は保育士の良否にかかっていることは想像に難くない。保育制度が充実し、施設・設備が整備され、優れた教材・教具が開発されたとしても、保育士の重要性にはかわりない。なぜなら、それを使うのは保育士だからである。いかに優れたものであっても、保育士の取り扱い方いかんによっては、子どもの発達に無益どころか、誤らせることも起こり得るのである。したがって保育士は、保育において中心的位置を占めている。

　各巻の編者は、それぞれの分野の第一線で活躍している人たちである。各巻とも多人数の執筆者で何かと苦労されたことと推察し、お礼申し上げたい。

　本「シリーズ 保育士を育てる」は、立派な保育士を育成するうえで、十分応える内容になっていると考えている。

　われわれ研究同人は、それぞれの研究領域を通して保育士養成の資を提供する考えのもとに、ここに全9巻のシリーズを上梓することになった。全巻統一の論旨については問題を残すとしても、読者諸子にとって研修の一助となれば、執筆者一同望外の喜びとするものである。

　最後に、本シリーズ出版企画から全面的に協力推進していただいた一藝社の菊池公男会長と小野道子社長に深甚の謝意を表したい。

　2020年1月吉日

　　　　　　　　　　　　　　　　　　監修者　谷田貝公昭

まえがき

　保育士は、子どもたちが健全に成長・発達していくために、日頃より良い環境を設定できる存在である。保育所は集団生活を送る場であり、子どもにとって、社会性が身につく良い環境である一方で、乳幼児期の発達過程においては、感染や事故に遭遇しやすく、自分自身で予防することが困難である。そのため、保育士は、子どもの養護に対しての責任ある立場にあることを自覚し、子どもの特徴を踏まえ安全に生活できるための対策を身につけておく必要がある。

　保育士養成課程等においては、実践力のある保育士の養成が求められており、「保育所保育指針」が改訂され、「指定保育士養成施設の指定及び運営の基準について」の一部が改正された（2019年4月から施行）。

　旧カリキュラムでは、保育の対象の理解に関する科目であった「子どもの保健Ⅱ」が、カリキュラム改正では、「子どもの健康と安全」へ変更となっている。この科目は、保育の内容・方法に関する科目として位置づけられており、子どもへの保健に関する内容に携われるようになっている。

　そのため、目標で挙げられている次の項目については網羅している。

　1. 保育における保健的観点を踏まえた保育環境や援助、2. 保育における衛生管理・事故防止及び安全対策・危機管理・災害対策について、3. 子どもの体調不良等に対する適切な対応、4. 保育における感染症対策について、5. 子どもの発達や状態等に即した適切な対応について、6. 子どもの健康及び安全の管理に関わる、組織的取組や保健活動の計画及び評価等について

　さらに、ガイドラインとして、「保育所におけるアレルギー対応ガイドライン」「保育所における感染症対策ガイドライン」「教育・保育施設等における事故防止及び事故発生時の対応のためのガイドライン」等を踏まえた。

　本書のほとんどの章には演習項目を設け、学修した内容を整理し応用できるようにしてある。保健活動の実践に役立てていただきたい。

　最後に、このような機会をいただいた監修の谷田貝公昭先生、一藝社の小野道子社長に厚くお礼申し上げたい。

　2020年1月

編著者　　糸井志津乃

髙橋 弥生

6

もくじ

監修のことば　2
まえがき　4

第1章　子どもの健康と保育環境

第1節　健康・ヘルスプロモーション　9

第2節　子どもの成長発達と環境　11

第3節　保育環境の整備の必要性　14

第2章　子どもの保健に関する個別対応と集団全体の健康および安全の管理

第1節　集団生活が健康にもたらす影響　17

第2節　保育所における安全管理　19

第3節　保育所における健康・安全・衛生管理　21

第3章　保育における衛生管理

第1節　保育環境の衛生管理　25

第2節　子どもの衛生習慣獲得への支援　28

第3節　保育士の健康管理と衛生管理　30

第4章　保育における事故防止と安全対策、危機管理

第1節　保育における重大事故および防止策　33

第2節　子どもの命を守る事故防止・安全対策・危機管理の取り組み　36

第5章　保育における災害への備え

第1節　災害から子どもたちを守る　41

第2節　家庭・地域との連携　45

第3節　災害を受けた子どもと家族　46

第6章　体調不良および傷害発生時の応急処置

第1節　体調不良の子どもへの対応　49

第2節　事故やけがの応急処置　53

第3節　緊急時の対応体制　55

第7章　救急処置および救急蘇生法

第1節　子どもの事故の特徴　57

第2節　園舎・園庭でよく起こる事故と対応　58

第3節　心肺蘇生法　62

第8章　感染症の集団発生の予防と発生後の対応

第1節　感染経路と感染予防策　65

第2節　保育所等における感染予防と発生時の対応　69

第9章　保育における保健的対応

第1節　乳幼児の健康管理　73

第2節　基本的生活習慣への対応　76

第10章　3歳未満児への対応

第1節　3歳未満児の保育の留意事項　81

第2節　3歳未満児の保育施設での事故　85

第3節　保護者への子育て支援　86

第11章　個別的な配慮を要する子どもへの対応（慢性疾患・アレルギー性疾患等）

　第1節　慢性疾患をもつ子どもへの対応　89
　第2節　アレルギー疾患をもつ子どもへの対応　91
　第3節　医務室の備え　94

第12章　障害のある子どもへの対応

　第1節　障害の定義とノーマライゼーション　97
　第2節　主な障害　99
　第3節　医療的ケアが必要な子どもへの対応　101

第13章　職員間の連携・協働と組織的取り組み

　第1節　家庭との連携　105
　第2節　小学校との連携　109
　第3節　保健に係る専門職との連携・協働　110

第14章　保育における保健活動の計画および評価

　第1節　保健活動の計画とその目的　113
　第2節　保健活動の計画作り　114
　第3節　振り返り（評価）と改善　119

第15章　家庭、専門機関、地域の関係機関等との連携

　第1節　厚生労働省が示すそれぞれとの連携　121
　第2節　家庭・地域との連携の実際　122
　第3節　子ども・子育て支援制度　125

監修者・編著者紹介　129
執筆者紹介　130

第1章

子どもの健康と保育環境

► 1　子どもの健康

　保育所等は、乳幼児期の子どもを保育し、子どもたちが長時間過ごす生活の場である。保育士は、子どもの健康について理解を深め、安心で安全な環境であるよう努める必要がある。保育所等が、子どもの健康状態を維持・促進する環境であること、また、異常のある場合には、すぐに対応できるようにしてあることが大切である。そのためには、まずは保育士が子どもの健康の捉え方について理解しておくと良い。

　健康については、「世界保健機関（WHO）憲章」の前文に以下のように掲載されている。日本語訳は、日本 WHO 協会による。

"Health is a state of complete physical, mental and social well-being and not merely the absence of disease or infirmity."

「健康とは、病気ではないとか、弱っていないということではなく、肉体的にも、精神的にも、そして社会的にも、すべてが満たされた状態にあることをいいます。」

"The enjoyment of the highest attainable standard of health is one of the fundamental rights of every human being without distinction of race, religion, political belief, economic or social condition."

「人種、宗教、政治信条や経済的・社会的条件によって差別されることなく、最高水準の健康に恵まれることは、あらゆる人々にとっての基本的人権のひとつです。」

　以上のように、身体、精神、社会のすべての側面から捉える必要があり、人種や宗教、経済的問題等の社会的な問題で差別されることなく、健康を維持できるよう努めることが大切である。

▶ 2　ヘルスプロモーション

　ヘルスプロモーションについては、世界保健機構（WHO）で定義され、「単に個人的スキルや能力の強化だけでなく、人々が健康の決定因子をコントロールすることができ、それによって健康を改善・増進できるようにするプロセスである」といわれている。そのようなプロセスを学ぶためには、健康教育によって知識や価値観、スキルなどの資質や能力を身に着ける必要がある。

　乳幼児期から身に着ける基本的な生活習慣は、大人になっていくまでの影響力があり、健康を維持するための知識や価値観、スキルの土台が形成されていく。子どもの生活リズムや生活習慣を整えていけるように環境を整えていくことが大事である。

　先天的な病気や慢性の疾患等をもつ子どもについては、保育士は、子ども自身ができることも把握し、専門医との連携を密にとり、むやみに生活を制限する必要はない。ただし、個々の子どもの能力を生かせる環境の設定によって、自己実現が可能になれるような工夫が必要となる。保育士は、子どもの日頃の身体、精神、社会的な状況を、養育者からの情報や観察等を通して把握し、必要な専門家との連携をとっていく。そして、保育士個人ではなく全職員との協力体制のもとで対応する必要がある。

▶ 3　健康管理

(1) 生活リズムや生活習慣を整える

　子どもの健康増進のために、発育・発達に適した生活を送ることが重要である。一日の生活リズムは、睡眠、食事、活動と休息などの生活の流れの中で営まれ、自立の基礎が培われていく。援助の際には、十分な

睡眠、バランスのとれた食事、全身の運動機能を使う活動や緊張感をとる休息、といった「動」と「静」の調和を図ることが大切である。活動の際には、子どもの意欲が十分に満たされるようにすることで、自主的に活動するようになる。

　保育士は、養育者に対して、子どもの生活のリズムや生活習慣の理解を促し、家庭での習慣の改善が図れるように努めることが大切である。養育者の子育ての悩みに共感し、解決策について共に考えていく姿勢をもち、家庭との連携を図ることが求められる。

(2) 健康診断の結果を日常に生かす

　保育所等の健康診断は、設置運営基準（「児童福祉施設の設備及び運営に関する基準」）の規定に基づき、学校保健安全法の規定に準じて行なわれている（第12条）。具体的には、身長および体重、栄養状態や脊柱および胸郭の疾病および異常の有無、四肢の状態、歯および口腔の疾病および異常の有無等の項目について行なわれる。

　健康診断にあたって保育士は、日頃の子どもの発達過程や健康状態や養育者の疑問や不安等について、嘱託医に伝えて、受診、治療、経過をみる必要性等、適切な助言を受ける。そして、結果を養育者へ丁寧に伝え、指導が必要であれば、全職員および嘱託医と連携する。

　健康診断の結果は、日々の保健の活動に活用できるように記録・評価・改善を行ない、健康の保持・増進が図れるための体制が必要である。

第2節 »»» 子どもの成長発達と環境

▶ 1　様々な環境

　子どもは、遺伝的・生物学的などの因子と、環境などの因子が相互に関連し合い、影響を及ぼしながら成長発達していく。遺伝的・生物学的

な因子によって規定される部分が多く、肌の色や体型、遺伝性の先天性疾患なども関与する。

　しかし、子どもが育まれていくには、生活環境に大きく左右される。家庭（人等）を含む社会、自然といった環境と影響し合い、個々の能力や社会性などが育ち、生きていく術（すべ）を身に着けていく。

▶2　社会的環境

(1) 家庭環境

　家庭環境は、家族とともに生活していく場であり、養育者やきょうだいとの関係から、人格形成に大きく関与する。養育者との「愛着」が形成されることで情緒の安定を得て、安全な居場所（安全基地）として認知される。そして、運動機能の発達とともに、様々な環境への探索行動をとりながら発達していく。

　自分から周囲の環境へ働きかけていき、人やものへの理解を深め、できることを増やすことによって「有能感」や「自己効力感」が育っていくといわれている。

　また、家庭の中で、食事、睡眠、排泄（はいせつ）、清潔、衣類の着脱など基本的な生活習慣や挨拶（あいさつ）や礼儀といったことを学び、社会のルールや行動様式を理解し、社会化が形成されていくのである。

　養育者やきょうだいとの関わりは、子どもが出会う最初の人間関係であり、家族の行動を模倣しながら生活していく。そのため、養育者自身がもつ生活習慣が、家庭の環境に深く関与するといえる。

　家庭環境は、子どもにとって、教育的な影響力を及ぼす場であるため、養育者がどういった養育態度をとるかによって、子どもの成長発達に大きく影響する。

(2) 地域社会

　日常の中で、地域の人々や文化、自然との交流があることは、子どもたちにとって、インターネットとは異なった実体験のある生きた学びと

なる。

　近所の子ども同士の関わりや地域の人々と触れ合うことによって、家族以外の人々との関係から、自分の家庭とは異なった生活習慣や価値観との触れ合いもあり、豊かな心の育成にもつながる。高齢者など異なった世代との交流によって、高齢者への思いやりが育まれ、また、昔の遊びや生きる知恵などを学ぶことができる。地域の人々との交流は、見知らぬ人でなく、安全な居心地の良い環境となり、子どもなりの探索行動によって多くの発見ができるメリットがある。

　1960 年代の高度成長期頃より、都市化の進行、地域社会の連帯感の希薄化が進み、地域で子どもを育てるという意識の希薄化等も指摘されている。このような背景によって、核家族である子育て世代が地域社会からの協力もない状態は問題とされ、保育所等は、地域の関係機関との連携を図るための役割を担うようになってきている。

▶ 3　自然環境

　子どもにとって、豊かな自然環境での体験は、五感（聴覚、視覚、嗅覚、触覚、味覚）の発達、運動機能や情緒の発達など、心身の発達に重要である。自然の生態系を、五感を使用しながら知る機会となり、体験を通して理解していく。季節の変化に気づき、身近な事象に興味をもつことで新たな発見や探究心も芽生えていく。

　動植物の観察や昆虫を捕まえるなどの接触体験は、生き物の特性や不思議さに触れ、興味関心をもって関わる姿勢へとつながる。また、生命の誕生の尊さを知る機会となり、生きるものへの思いやりなどの感情の芽生えや、自然との共生についても興味を抱く機会ともなる。

　このように自然との関わりで、子どもの心の安らぎや、豊かな感情、思考力等の基礎が培われていくことになる。

第3節 »»» 保育環境の整備の必要性

► 1 保育環境

　子どもが環境との相互作用によって成長発達していくことは、第2節で述べた通りである。子どもの生活が豊かになるように、人、物、場といった環境をどのように整え、構成し、子どもを導くかは、保育の質に影響する。保育所保育指針では「保育の環境」について、次の事項に留意し、「計画的に環境を構成し、工夫して保育しなければならない」（第1章「総則」）と記載されている。

> ア　子ども自らが環境に関わり、自発的に活動し、様々な経験を積んでいくことができるよう配慮すること。
> イ　子どもの活動が豊かに展開されるよう、保育所の設備や環境を整え、保育所の保健的環境や安全の確保などに努めること。
> ウ　保育室は、温かな親しみとくつろぎの場となるとともに、生き生きと活動できる場となるように配慮すること。
> エ　子どもが人と関わる力を育てていくため、子ども自らが周囲の子どもや大人と関わっていくことができる環境を整えること。

► 2 保育環境の整備

(1) 子ども自らが関わりたくなる環境

　子どもが興味関心をもって、人や物、場に関わることができる環境が重要である。保育所等での子どもたち、保育に携わる保育士、栄養士や看護師等の人的環境、そして、玩具や園庭や遊具、保育室の間取りや保育中の気候も、子どもたちが関わる環境である。保育士は、これらの環境を生かして子どもにどのような経験をしてほしいのかといった、保育のねらいを定め、意図して、環境を設定する。

　子どもの興味関心を引き出すには、発達状況や子どもの関心ごとについて、日頃の子どもの観察を通して、意図的に遊びを誘導していくといったことも、必要である。遊びが展開していく中で、子ども自身が新たな遊びを展開していき、環境が変化することもある。保育士が、保育所等の動植物や水、光、すべての自然環境に敏感になり、これらを生かした環境を構成していくことが求められる。

(2) 保健的で安全な環境

　子どもの健康と安全を守るために配慮し、子どもが安心で安全に過ごせる保育の環境を、保育所等の全職員で整えることは重要である。保育中の事故や病気等で子どもの生命の危機にさらさないよう、つねに協力して子どもの活動を支える必要がある。

(3) 温かな雰囲気と生き生きと活動できる場

　保育所等では、子どもが家庭から離れて生活しているため、不安と緊張を伴ないながら、保育士や子どもたちと関わっている。家庭とは異なった環境で、生活の広がりを楽しむ一方で、思い通りにならないストレス状況に陥り、適応できない場合もある。保育士や子ども同士の関係性の中で、情緒的な関わりをもち、精神的に安定感がもてることで、保育所等が居場所となるように配慮する。

　また、子どもの個々の発達過程を踏まえながら、活動の「静」と「動」のバランスをとれるよう環境を整える。一人遊びや子ども同士の遊びに集中できる環境と、気持ちがくつろげる時間と空間が保障される環境を設定する。そして、体を思いきり動かすなど、様々な活動に取り組むことのできる環境であることが大切である。

(4) 人と関わりを育む環境

　子どもは、身近な子どもや大人の影響を受けて育つため、様々な人と関われる環境を整えることが必要である。同年齢だけでなく、異年齢の子どもとの交流、保育士等との関係や地域の様々な人との関わりによって、様々な感情や欲求が生まれる。

　そのため、複数の友だちと遊べる遊具や、子ども同士のたまり場になるようなコーナーなどを設定し、子どもの動線に配慮した保育所内や園庭のものの配置などの環境づくりが必要である。また、保育士が、子ども同士の関わりや周囲の大人との関わりが促されるように誘導することも必要である。

演習問題

1. 年齢を自分で定めて、自然との触れ合いに関する遊びの指導計画を立ててみよう。
2. 子どもの生活リズムを整えるための指導計画を立ててみよう。

【引用・参考文献】

厚生労働省「保育所保育指針解説」平成30（2018）年

　　https://www.mhlw.go.jp/file/06-Seisakujouhou-11900000-Koyoukintoujidoukateik

　　yoku/0000202211.pdf

公益社団法人日本ＷＨＯ協会「世界保健機関（WHO）憲章」

　　https://www.japan-who.or.jp/commodity/index.html

内閣府・文部科学省・厚生労働省「幼保連携型認定こども園教育・保育要領解説」平

　　成30（2018）年

　　https://www8.cao.go.jp/shoushi/kodomoen/pdf/youryou_kaisetsu.pdf

日本学術会議 健康・生活科学委員会 子どもの健康文化会報告「日本の子どものヘル

　　スプロモーション」2012年

　　file:///C:/Users/USER/AppData/Local/Microsoft/Windows/INetCache/IE/

　　EIC0PUTD/kohyo-21-h99-1.pdf

林邦雄・谷田貝公昭監修、宮島祐編『子どもの保健Ⅱ』一藝社　2016年

（糸井志津乃）

第2章

子どもの保健に関する個別対応と集団全体の健康および安全の管理

第1節 »»» 集団生活が健康にもたらす影響

► 1　保育所という生活環境

　保育所は、児童福祉法第 39 条（2013 年改正）の規定に基づき、「保育を必要とする乳児・幼児」の保育を行ない、その健全な心身の発達を図ることを目的とする児童福祉施設である。個人は置かれた環境の中で成長・発達する。その環境は個人差のある子どもが集団で生活している集団保育の場である。

　また、保育所は子どもが生涯にわたる人間形成にとって極めて重要な時期にその生活時間の大半を過ごす場である。同じ出来事を体験してもその出来事や状態をどのように認知するかは、子どもの年齢や認知能力、過去の体験など子どもに関する因子や家族に関する因子、状況や環境によって違うのである。乳幼児期にある子どもにとって日常的混乱や生活上の出来事、災害など様々なものはすべてストレスの原因となる。心身ともに発達過程にあるこの時期は、自分の中にわき起こる感情を適切に処理する能力や表現する能力、様々な状況を認知・対処する能力が発達途上である。そのため、こころの問題が容易に身体症状や精神症状、行動・態度の変化として出現しやすいのである。

　身体症状として、まず、発熱や倦怠感（けんたいかん）、やせ、肥満が見られたら、心の異常サインとして現状にストレスと感じていると考える必要がある。また、腹痛や悪心、嘔吐、下痢、食欲不振など食べることへの影響や、

呼吸促進や呼吸困難など息がしにくい状態、ふらつく、頭を痛がる、けいれんが起こる、たびたびトイレに行く、異常に汗をかく、皮膚を掻く（か）ことが多いなども、ストレスによって発症することがあると捉える必要がある。

　精神症状としては、乳児期はあやしても笑わないなど、表情が乏しかったり、音には異常に反応したり、視線が合わなかったり、喃語（なんご）が少なかったりする。幼児期は落ち着きなかったり、奇声を上げたり、怒ったり、噛みついたり、自傷行為をしたり、視線が合わなかったりする。

　子どもたちが、保育所という場所で心身の健康の基礎を培うためには、保育士は、ストレスが子どもに与える悪い影響を最小限になるよう配慮しなければならない。そして、ストレス反応が見られないか注意深く観察し、見られた場合は初期段階から適切な対応を行う必要がある。

　たとえ個人はかぜをひいていなくても同じ部屋の子どもや保育士がかぜをひいているならば、非常に感染しやすい環境下で生活しているということになる。特にロタウイルスなどの感染性胃腸炎などは糞口感染（ふんこう）である。排泄物（はいせつぶつ）の取り扱いを確実に行わなければ、保育士や子どもの手からおもちゃなどを媒介し、舐める（な）などの行為で容易に集団感染する。子どもたちは、感染を予防する行動も保育士の日常の関わりを通して習慣化していく過程にある。保育士は保育所内外で子どもたちの健康モデルとなり、正しく衛生管理をしていかなければならないのである。

▶ 2　乳幼児期と集団生活

　集団生活の場では、身体機能が未熟で知的好奇心が豊富な子どもは、興味関心のおもむくままに動くことで事故が起こりやすい。危険予知が十分にできない乳幼児期にある子ども側の要因と、危険な環境条件が揃った時に、打撲や転倒などの事故を引き起こすのである。

　また、乳幼児期にある子どもは、集団生活の場で感染を起こしたり、事故が発生したりすると何らかの体調に変化を生じる。その結果、遊び

の実施は困難となり、個々の成長・発達にも悪影響を及ぼすことになる。つまり、身体機能が未熟で感染予防行動が十分とれない子どもが集団で生活する保育所という場所では、保育士が正しい知識をもち、安全管理・衛生管理をしなければ、決して成長・発達に望ましい場所とはいえない環境になりうるということである。

　保育所という集団で生活する場所だからこそ、子どもたちは人との関わりの中で、愛情と信頼感、そして人権を大切にする心を育てる。自主、自立及び協調の態度を養い、道徳性の芽生（めば）えを培ったり、言葉への興味や関心を育て、話をしたり聞いたり、相手の話を理解しようとしたりするなど、言葉の豊かさを養うことができる精神発達や社会性の発達を促せるのである。安全管理・衛生管理を保障した環境下であれば、集団での生活が、「保育を必要とする乳児・幼児」の健全な心身の発達を図る最もふさわしい生活の場になるということである。

第2節 »»» 保育所における安全管理

▶1　乳幼児期の子どもの身体的特徴と集団生活上の問題

　乳幼児は、免疫機能が未熟、予備力が乏しく、容易に呼吸器感染症などウイルス感染症に罹患（りかん）しやすい。また、セルフケア能力が不足していて生活の大部分において世話をしてもらうために、大人の接触が濃厚となる。健康管理・衛生管理に対する知識が不足している大人の世話を受ければ、感染する可能性は高くなる。咳（せき）、鼻水、嘔吐、下痢などに対する感染予防行動（手洗い、うがい、鼻かみ、咳エチケット、マスクの装着など）が十分にできないことによる接触感染、飛沫感染、空気感染から、部屋から他の部屋へと保育所全体に感染が拡大する機会も多い。特に何でも口に入れて確かめる感覚運動期にある0〜2歳児はおもちゃを媒介

とした感染が多くなる。

　身体バランスが不安定な乳幼児期や危険予知能力が低い上に咳、鼻水などの症状がみられる感冒に罹患することにより倦怠感、ふらつきなど注意力も散漫となる。このような状態の子どもは、容易に転倒しやすく、擦り傷や打撲、骨折などの事故にまでつながる可能性がある。また、睡眠中に呼吸を止めたり、鼻水で呼吸がしにくい状態で嘔吐し嘔吐物で窒息したり、プール活動や水遊び中に溺れたり、食事中に窒息したり、誤嚥したりなど、重大な事故へとつながりやすくなる。

▶ 2　集団生活における子どもへの関わり

　乳児期にある子どもへは、自分で自身の心身を守れないため保育士が関わる。幼児期にある子どもには、子どもが保育士の関わりを模倣して、次第に子ども自身ができる範囲は自分でやり、自身の心身を守れる方法を体得し習慣化するように関わる。そのためには、保育が実施される場所の安全を保障する必要がある。成長・発達過程にある子どもが保育中に起こす事故を防ぐためには、乳幼児期にある子どもの発達段階の特徴を理解し、施設内外の安全を保障した環境を調整する必要がある。同時に子ども一人ひとりの心身の健康状態を把握し、子どもの状態に応じた極め細かな対応が求められるのである。

　以下に、子どもの主体的な活動を妨げることなく、子ども自身が自分を守る方法を体得し習慣化していくための方法をいくつか紹介する。

　例えば、鼻水が出ているところを観察したら、「鼻水出たね」と声をかけ、ティッシュペーパー（以下、ティッシュとする）を取りに行き、笑顔で「拭いておこうね」と優しくティッシュで拭き取る。「きれいになったね。気持ちいいね」と笑顔で声をかけ、ティッシュをゴミ箱に捨てる。そして保育士は、自分の手に石鹸をつけて洗うところまでの行動を見せる。子どもがその行動を模倣し、自らティッシュを取りに行ったり、自分で鼻水を拭いたり、さらには拭いたティッシュをゴミ箱に捨て

られるようになる。保育士は、子どもができた1つ1つの行動をその都度、褒める。この行為を繰り返す。

　手洗いについては、「食前」「排泄後」「外遊びから帰宅後」についても「バイ菌さんが手についたから、キレイキレイしようね」「バイバイ菌」と言いながら、笑顔で楽しく洗えるようにする。次第に子どもは模倣し自分でするようになる。手洗い後は、「気持ちよくなったね」「スッキリしたね」など心地よい快の感覚を子ども自身が感じられるように繰り返す。こうしたことで、子ども自身が食事や排泄、遊びなどの行動の後には必ず手を洗い心地よい清潔な状態にするという健康管理行動の習慣化につながるのである。

　また、保護者にも送迎時を利用して理解を深められるように関わる必要がある。

第3節 》》》 保育所における健康・安全・衛生管理

▶1　健康面（考え方）

　子どもの健康を守るには、状態の把握と速やかな対応が必要となる。

（1）個人の健康診断の結果の把握

（2）規則正しい生活リズムの中で活動と休息、食事と排泄、遊び、話を聞いたり、大きな声で笑ったり、歌ったりして免疫力を向上させる。

（3）日々の健康観察：（登所〜降所）

①登園した時：いつもの体調かどうか。不機嫌、元気がない、笑顔がない、咳、鼻水、顔面紅潮等いつもの体調でなければ保護者に様子を尋ね、体温測定をする。37.5度以上の場合は連れて帰ってもらう。水分が取れない場合は受診するよう勧める。37.5度未満の場合、登園時の健康状態を把握しておき、保護者には、子どもの体温が上昇

22

したり現在の症状が悪化したりする場合は、保護者に連絡して連れて帰ってもらわなければならない旨を伝え、あらかじめ連絡がつくようにお願いしておく。

②保育中：登所時に気になった子どもは目を離さない。体温の上昇がないか１時間おきに測定する。37.5度以上なら他の子どもと別に静的な遊びをして過ごし、保護者に連絡し迎えに来てもらう。家で看られない場合は、病児保育所を紹介する。また、不機嫌、ぐずる、活気がない、顔色不良、咳や鼻水が出て呼吸がつらそう、嘔吐や下痢がみられる、食欲がない、遊びが縮小している、午睡の寝つきが悪い、浅い眠り、寝起きが悪い、セルフケア行動レベルが縮小、他児との交流が少ない、または関係が悪いなど、登園時より悪化し、水分補給できない場合も、保護者に連絡し情報提供しておく。子どもの気持ちを代弁し、迎えに来られるならば早めに迎えに来てもらえるようにお願いする。もしも無理なら、起こりうる可能性も含め、随時、経過報告をしておく。

③降園時：保護者に、保育中の様子から登園時に比べて、変化したことなど、子どもの状態を詳細に報告する。体温が高く、水分を欲しがらず活気がないならば、このままの状態では脱水になる可能性が高いので受診するように助言する。

► 2 安全面（考え方）

　乳幼児期、特に０〜２歳は、身体バランスが不安定、脚力が弱い、筋肉未発達なため足を上げて走らない、好奇心豊富なため目的のものしか見えずに走る、などのため、足が引っかかって転倒したり、階段から転落したりする可能性がある。また、道具の用途がわからずに遊んだり、ケンカをしたりすることで道具を振り回すなど、自傷や他傷の危険性がある。このように、事故はすべて結果であり、それを引き起こすには必ず原因がある。

　事故は、子どもに何らかの身体症状や精神症状を引き起こし、少なからず社会生活を縮小するに至る。その結果、発達を妨げかねない。事故を繰り返さないためには、事故後、速やかに保育士間で情報を共有し、事故原因を分析し、どのようにすれば防ぐことができたのかなど、再発防止策について話し合うことが必要である。原因が無ければ、事故は起こらない。何が原因となりうるのかを知り、保育開始前から安全確認をする。事故原因になりそうなものはあらかじめ除去する。体調が悪い子どもは普段よりもより感覚が鈍く動きが緩慢となるため、目を離さないようにする。

　事故はいつでも起こるという認識をもち、常に事故原因となるものはないかを予測して対応することが大切である。そして、子ども自身も次第に危険予知ができるようになるために、乳児期から危ない行動については随時、伝えていくことが大切である。4、5歳になれば、事故が起こった後、クラス全員でなぜ事故が起きたのか、事故を起こさないために一人ひとりが何に注意をすればよかったのかを話し合う機会をもつ安全教育も必要である。

　事故原因のソフト面（人）は、子どもの年齢、認知発達レベル、体調、服装、履物、保育士・他児・保護者の知識不足が考えられる。

　ハード面（物）は、クラスの広さ、敷物、物品の配置、おもちゃ（形状、大きさ、材質、色）、施設の構造（内：トイレ、廊下、階段、遊具、遊技場／外：園庭、プール）時間帯、天候が考えられる。

▶ 3　衛生管理面（考え方）

　抵抗力が弱く、生活行動が未熟な子どもたちを、どうすれば感染から守ることができるのか、感染しても拡大させないようにするためにはどうしたらよいかを考える。そのためには、保育士一人ひとりが施設内外の衛生管理について正しい知識をもち、実行する行動力が重要である。

演習問題

1. 子どもが望ましい健康管理行動（手洗い、うがい、鼻かみ、歯磨き、マスクの装着など）がとれるようになるには、「いつ頃から」「どのように」関わるとよいかグループで話し合ってみよう。また、学生1人が子ども役となり、保育士役の学生が望ましいと思う関わりを実施してみよう。他の学生は観察者となり、それぞれの立場から子どもの発達段階に応じた望ましい関わりについて考えてみよう。

2. 保育所は乳幼児期にある子どもが集団で生活する場所である。健康面、安全面、衛生面それぞれの面の問題と対策についてグループで話合ってみよう。

【引用・参考文献】

厚生労働省「保育所における食事の提供ガイドライン」（平成24〔2012〕年3月）
　　　http://www.mhlw.go.jp/bunya/kodomo/pdf/shokujiguide.pdf（2019.8.19最終アクセス）
厚生労働省「保育所における感染症対策ガイドライン」（平成30〔2018〕年3月）
　　　http://www.mhlw.go.jp/file/06-Seikakujouhou_900000-Koyoukintoujidoukateikyouku/0000201596.pdf（2019.8.19最終アクセス）
厚生労働省「保育所におけるアレルギー対応ガイドライン2019年改定版」（平成31〔2019〕年4月）http://www.mhtw.go.jp/content/000511242.pdf（2019.8.19最終アクセス）
汐見稔幸・無藤隆監修、ミネルヴァ書房編集部編『〈平成30年施行〉保育所保育指針 幼稚園教育要領 幼保連携型認定こども園教育・保育要領　解説とポイント』ミネルヴァ書房、2018年
筒井真優美監修、江本リナ・川名るり編集『小児看護学——子どもと家族の示す行動への判断とケア〔第8版〕』日総研、2017年
内閣府「教育・保健施設等における事故防止及び事故発生時の対応のためのガイドライン」（平成27〔2015〕年度教育・保育施設等の事故防止のためのガイドラインに関する調査研究事業検討委員会）
　　　http://www8.cao.go.jp/shoushi/shinseido/kodomo3houan/pdf/h280331/tauiy.pdf）（2019.8.19最終アクセス）

（弓場紀子）

第**3**章

保育における衛生管理

第**1**節 »»» 保育環境の衛生管理

► 1 保育環境の衛生管理の必要性

　乳幼児は、免疫機能が発達途上にあるため感染症に罹りやすい。また、手洗い等の衛生的な行動は自ら取れず、保育士や保護者の支援を受けて身に着けていく時期にある。特に、低年齢児は床を這う・おもちゃを舐める等の特徴がある。このような乳幼児が心地よく過ごせるよう、年齢や発達段階に応じた衛生的な保育環境を整える必要性がある。

► 2 施設内外の衛生管理

　衛生管理を行なう際は、保育所における感染症対策ガイドライン（厚生労働省）を基本とする。保育施設内外の保育環境は、次のように清掃等を行なうが、清掃用具や消毒薬等は子どもの手の届かない所に保管する。保育環境は、清潔区域と不潔区域とを分けて考え、清掃を実施する。

（1）清潔区域

①保育室

　保育室内は、季節や気温に応じて夏場は 26 〜 28℃、冬場は 20 〜 23℃、湿度 60％を目安とする。1 時間に 1 回程度、換気を行なう。

　保育室は、毎日清掃し衛生的に整える。子どもが使用する机や椅子は、使用後水拭きを基本とする。また、子どもが触れることがある場所（ドアや柵、手すりなど）は、水拭き後アルコール消毒をするとよい。

　保育所内で流行している感染症の病原体に応じて消毒液を選択し、掃除に用いて感染症の蔓延（まんえん）を防止することが重要である。

　冷暖房器具を使用する場合は、適宜（てきぎ）、清掃を行なう。加湿器を用いる場合は、水は毎日交換し、給水タンク等は使用後乾燥させる。

②食事およびおやつスペース・調乳室

　保育士は、帽子または三角巾（さんかくきん）を着用し頭髪を覆う。食事用の清潔なエプロンを着用し、石鹸（せっけん）を用いて手を洗う。食事やおやつに使用する机を清潔な台布巾（だいふきん）で水拭きする。配膳や食事介助をする際は、衛生的に行なう。食器やスプーン等は、その子ども専用とし、共用しないこと。食後は、速やかに机は台布巾で、椅子（いす）・床は雑巾で食べこぼしを掃除する。掃除後の台布巾と雑巾は別にして洗い、乾燥させる。

　調乳する場合は、帽子または三角巾と調乳用の清潔なエプロンを着用する。石鹸を用いて手洗い後に調乳を行なう。

③歯ブラシ

　歯ブラシは、個人用とする。使用後は、個別に水洗いし乾燥させる。他の子どもの歯ブラシと接触しないように保管するか、持ち帰りとする。

④寝具

　寝具は個人用とし、カバーを掛け使用する。定期的に洗濯や布団乾燥を行なう。寝具が、尿・便・嘔吐物・血液等で汚染された場合は、速やかに交換する。

⑤遊具（おもちゃ）

［洗えるもの］幼児クラスのものは３か月に１回程度、乳児クラスのものは週に１回程度洗濯し、よく乾燥させる。乳児が口に入れたものや舐めたものは、洗浄し乾燥させる。玩具は、午前用と午後用と用意しておくとよい。

［洗えないもの］幼児クラスのものは３か月に１回程度、乳児クラスのものは週に１回程度、湯拭き、または、日に干すとよい。乳児が舐めるものは、毎日拭くことを基本とする。

(2) 不潔区域

①おむつ交換スペース

　おむつ交換は、保育室とは区別されたスペースで行なうことが望ましい。使い捨てのシートの上に子どもを寝かせ、保育士は使い捨て手袋を着用しておむつ交換を行なう。使用後のおむつは、紙おむつの場合はビニール袋に密閉し、蓋つきの専用ごみ箱に捨てる。布おむつの場合は、蓋つきの専用容器等に保管する。おむつ交換は 1 人行なうごとに、石鹸を用いて手洗いを行なう。おむつ交換場所は、1 日 1 回、次亜塩素酸ナトリウムの 0.02％（200ppm）の消毒液で拭き、掃除を行なう。

②トイレ

［おむつからパンツへの移行期］パンツ（紙パンツ）を履く時は、尻を床に付けないよう着用させる。子ども自身が、立位でパンツの着脱ができるようになるまでは、保育士が着脱を介助する。衣類の着脱練習は、ズボンで行なうとよい。

［トイレの清掃］子どもが触れる壁・ドアノブ・トイレットペーパーのホルダー・水洗レバーや、汚染の可能性があるトイレ用サンダル・便座・床は、水拭き後アルコール消毒または次亜塩素酸ナトリウムを用いた消毒を行なう。特に、ウイルス性胃腸炎等が流行している場合は、次亜塩素酸ナトリウムを 0.02％（200ppm）に希釈した消毒液で拭き掃除を行なう。オマルもトイレに準じて清掃する。

③プール・水遊び

　子どもの健康状態を確認し、体調不良等がある場合は、参加も控える。保育士は、排泄を済ませた子どもの尻を、使い捨て手袋を着用し洗う。また、頭から足まで全身シャワーを浴びさせ、汗等をよく落とす。

　プールの水質は、残留塩素濃度 0.4 〜 1.0mg／ℓ を保持するよう定期的に測定する。低年齢児等が家庭用ビニールプールを使用する場合も塩素消毒を行なう。また、排泄が自立していない乳幼児は、個別のタライ等を用いて水遊び等を行ない、他者と水を共用しない。終了後は、シャ

ワーを浴びる。体を拭くタオルは、個人用とする。

　もしプールに入水する保育士に下痢等がある場合は、監視役と交代する等、職員間で協力する。また、プール日誌等に、日付・天候・気温・水温・参加人数・保育者名・入水時間・水深・残留塩素濃度測定結果等を記録する。

④砂場

　定期的に掘り起こしを行なう。落ち葉等のゴミを除去し、砂を日光にあて消毒する。使用していない時は、シート等で覆う。砂場で犬や猫が糞をしている場合があるので、使用前には確認する。糞が発見された場合は、周囲の砂と共に除去する。

第2節 »»» 子どもの衛生習慣獲得への支援

► 1　衛生習慣の獲得のために

　基本的生活習慣の一部でもある衛生習慣は、手洗いや咳（せき）エチケット、うがい、歯磨き等が挙げられる。また、トイレをきれいに使用することや、衣類が汚れたり汗をかいたりした場合に着替えること等も、含まれている。

　保育士は、子どもの意欲や、やってみたいという気持ちを大切にすると同時に、子どもの興味関心を引き出すよう支援することも重要である。さらに、保育士は、子どもの習慣形成のためのモデルであることを意識する。就学までに衛生習慣が身につくことを目標に、保護者と協力し、日々の保育の中で繰り返し支援する。

► 2　手洗い

　保育士は、子どもの年齢や発達段階、理解力に合わせて、外遊び後・

図表 3-1　正しい手の洗い方

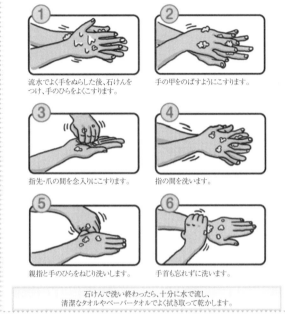

① 流水でよく手をぬらした後、石けんをつけ、手のひらをよくこすります。

② 手の甲をのばすようにこすります。

③ 指先・爪の間を念入りにこすります。

④ 指の間を洗います。

⑤ 親指と手のひらをねじり洗いします。

⑥ 手首も忘れずに洗います。

石けんで洗い終わったら、十分に水で流し、清潔なタオルやペーパータオルでよく拭き取って乾かします。

出典：厚生労働省ホームページより

図表 3-2　3 つの正しい咳エチケット

1.マスクを着用する。　　2.ティッシュ・ハンカチなどで口や鼻を覆う。　　3.上着の内側や袖(そで)で覆う。

マスクをつけるときは取扱説明書をよく読み、正しくつけましょう。鼻からあごまでを覆い、隙間がないようにつけましょう。

口と鼻を覆ったティッシュは、すぐにゴミ箱に捨てましょう。

1、2ができないとき、は袖や上着の内側で、口・鼻を洗いましょう。

出典：厚生労働省ホームページより

食事の前・排便後等は、石鹸を用いて手を洗うことが身につくよう支援する。手洗い後の手拭きは、個人用タオルまたはペーパータオルとし、子ども同士で共有しない。手洗いに用いる石鹸は、固形より液体や泡タイプの方が衛生的である（**図表 3-1**）。

▶ 3 咳エチケット

咳や、くしゃみのしぶき（飛沫）は、約2メートル飛び散る。インフルエンザ等の飛沫感染する感染症を周囲の人へ広げないように、咳やくしゃみが出る時は、マスクの使用を促す。マスクがない時やマスクの着用が難しい低年齢児は、ティッシュやハンカチ、肘で口と鼻を覆うことを、子どもの年齢や理解力に合わせて教える（**図表 3-2**）。手で咳やくしゃみを受けた場合は、すぐに石鹸で手を洗うことも教える。

第**3**節 ≫≫ 保育士の健康管理と衛生管理

▶ 1 保育士の健康管理

（1）感染症罹患歴および予防接種歴の確認と対応

乳幼児に関わる専門職として子どもたちを感染症から守るため、保育士自身が、感染源にならないように努めなければならない。

まず、実習の前に自分自身が罹ったことがある感染症や、予防接種を受けている感染症について、母子健康手帳を基に確認しておく。予防接種がある感染症で、かつ過去に罹ったことがない感染症については、速やかに抗体検査または予防接種を受けることが望ましい。

（2）日々の体調管理

バランスの取れた食事摂取と睡眠時間を確保し、自身の体調管理に努める。手洗いを励行し、感染症の感染経路を断つことを意識する。

（3）体調不良時の対処

　発熱や咳、嘔吐や下痢等の症状がある場合は、速やかに医療機関を受診する。診断結果は施設管理者に報告し、結果に応じて休暇や業務分担の変更を行なう。咳などの呼吸器の症状がある場合は、マスクを着用する。特に、嘔吐や下痢症状がある場合、化膿（かのう）している傷がある場合は、食事の配膳や食事介助は行なわないよう、職員間で協力する。

▶ 2　保育士の衛生管理

（1）服装・頭髪

　清潔な服装とエプロンを着用し、使用後は毎日交換する。エプロンにポケットが 2 つあれば、1 つは清潔なハンカチを入れ、もう 1 つにはビニール袋を入れておく。鼻を拭いたティッシュ等をそのビニール袋に入れるようにする。頭髪は整え、長い場合は結ぶなどしてまとめる。

（2）手洗い・爪切り

　出勤時または保育室へ入室する前に石鹸で手を洗い、保育室内への病原体の持ち込みを防ぐ。手を洗った後は、清潔なハンカチを用いること。ハンカチは本人専用とし、子どもとは共用しない。また、子どもの鼻水を拭いた後や、おむつ交換、排泄（はいせつ）の介助の後等は、子ども 1 人の介助ごとに手を石鹸で洗うことが望ましい。

　適宜、手指用アルコールを用いて消毒することも効果的である。爪は短く整える。衛生面だけでなく、子どもの皮膚を傷つけることを防ぐ目的もある。

演習問題

　　自分の母子健康手帳の予防接種のページを見て、受けそびれた予防接種がないか確認しよう。また、どのような感染症に罹ったことがあるか確認しよう。

【引用・参考文献】

厚生労働省「児童福祉施設の設備及び運営に関する基準」

厚生労働省「保育所における感染症対策ガイドライン（2018年改訂版）」2018年

厚生労働省ホームページ

「啓発ツール」（手洗いポスター）

　　　https://www.mhlw.go.jp/bunya/kenkou/kekkaku-kansenshou0l/dl/poster25b.pdf

「咳エチケット」

　　　https://www.mhlw.go.ip/stf/seisakunitsuite/bunya/0000187997.html

東社協保育士会保健部会編『改訂版 保育園の保健のしごと』赤ちゃんとママ社、2018年

（須藤佐知子）

第 **4** 章

保育における事故防止と
安全対策、危機管理

第 **1** 節 »»» 保育における重大事故および防止策

▶ 1 重大事故の発生場面

　保育施設における事故の実態を把握するため、保育所等の事業者は、重大事故（死亡事故や、治療に 30 日以上要するような負傷や疾病）が発生した場合、所管の市町村、都道府県に報告することになっている。重大事故を分析して共有し、事故の発生、再発防止策を検討するため、内閣府は「教育・保育施設等における事故報告集計」を公表している。

　このなかで、保育中に重大事故が発生しやすい場面として、(1) 睡眠中、(2) プール活動・水遊び中、(3) 食事中を、主に説明する。

(1) 睡眠中の事故と防止策

　睡眠中の死亡原因の主なものに、窒息事故のほか、「乳幼児突然死症候群（SIDS : Sudden Infant Death Syndrome）」という病気がある。

　SIDS は、何の予兆や既往歴もないまま、乳幼児が死に至るもので、生後 2 か月から 6 か月に多く、1 歳以上で発症することもある。予防方法は確立していないが、寝かせるときにうつぶせに寝かせた場合の方が、SIDS の発生率が高いことが明らかになっている。あおむけに寝かせることは、SIDS のほか、睡眠中の窒息事故防止に有効である（医学上の理由でうつぶせ寝をすすめられている場合を除く）。

　また、睡眠中の重大事故を防ぐため、安全な睡眠環境を整えるとともに、子どもを 1 人にしないこと、呼吸や体位・睡眠状態の点検をする

ことは、子どもの異常に早く気づき、即座に対応できることにつながる。呼吸停止後 4 分の蘇生率は 50%、5 分では 25% に下がるため、5 分の呼吸チェックは重要である。

(2) プール活動・水遊び中の事故と防止策

水は、命を数分で奪う物質である。プール活動のみならず、水遊びも重大事故につながる危険性が高い。溺れに至る経過は静かに起こるということが、公共プール等の監視カメラ画像からも明らかにされており、注視し続ける必要がある。

プール活動・水遊び中は、監視体制を整えることが重要であり、監視役の保育士は、「水の中で動かない子ども」「異常な動きをしている子ども」を見つける監視に、専念することである。監視体制が確保できない場合は、プール活動等を中止することも必要であり、事前にそのことを保護者に伝えておくと、理解も得やすい。

(3) 食事中の事故と防止策

食事の際に介助を必要とする乳児だけでなく、自立して食べられる幼児でも、ふだん食べている食材が気管に入り、むせたり詰まったりして、窒息事故が起きる危険がある。保育士は、常に食事中の窒息事故を想定して介助または観察をすべきである。特に、食事中の「急に息を吸い込んだ時」が危険なので、「笑っている時」や「泣いている時」に食べさせない。立ち歩きもわずかな衝撃で窒息事故につながる危険がある。

(4) その他（玩具等による窒息事故と防止策）

乳児はなんでも口に入れたがり、幼児でも「ごっこ遊び」などで口に玩具を入れることがある。口に入って喉頭部や気道を閉じるおそれのある大きさや形状のものは、窒息事故の原因になるものとして取り扱う必要がある。

特に乳児の場合、誤飲防止用教材（図表 4-1）などを活用し、子どもの口に入る大きさのものを室内に置かないことや、手に触れない場所に置くことを徹底する。

図表4-1　誤飲防止用教材(誤飲チェッカー)

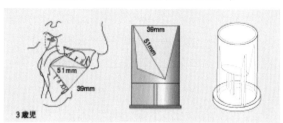

出典［日本家族計画協会ホームページ（山中龍宏・田村康夫監修）］より

▶2　これまでの事件・事故からの教訓

（1）不審者の対応策

　不審者（正当な理由がなく保育所の敷地や園舎に立ち入ったり、立ち入ろうとする者）の対応は、以下のようにする。

　①声をかけ用件を尋ねる（不審者かどうか確認する）

　②（正当な理由のない者には）丁寧に退去を求める

　③ほかの職員の協力を求める（必ず複数で対応）

　④（退去に応じない場合には）「110番」通報を速やかに行ない、子どもの安全を確保する

（2）園外活動時の事故の対応策

　散歩などの園外活動を行なう際には、目的地や経路について事前に安全の確認を行ない、職員体制や役割分担、緊急事態が発生した場合の連絡方法などについて検討しておく。

　園外に出かける際は、子どもたちそれぞれの発達や体調を把握し、一人ひとりの子どもにとって無理なく充実した体験となるように実施することが大切である。

　また、地域の安全マップの作成と活用として以下のようにすると良い。

・自治体のホームページなどにより、地域の災害ハザードマップから地理的な特徴による危険な場所（河川やがけ崩れの危険など）を把握し、保育所周辺の地域安全マップを作成する。

・散歩で出かける場所や避難場所、経路については、あらかじめ保育士自身で歩き、交通量や道幅、危険な場所を確認して安全マップに加え、園外に出かける際に活用する。

第2節 ≫≫ 子どもの命を守る事故防止・安全対策・危機管理の取り組み

図表4-2　事故防止・安全対策・危機管理の取り組み

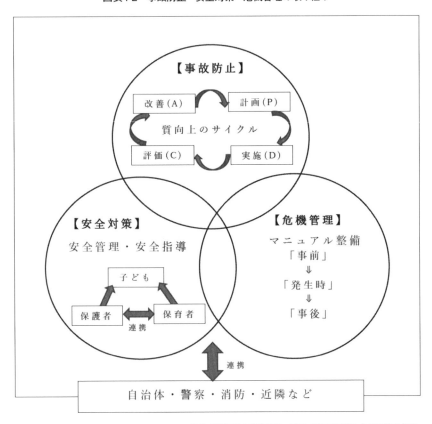

出典［新保育士養成講座、2018（西山里利）］を基に筆者作成

► 1　事故防止

(1) 自然災害と人的災害、関連機関との連携

　子どもの重大な事故を防ぐためには、日頃取り組んでいる事故防止策のほか、「ヒヤリ・ハット」事例の予防策をはじめ、安全管理・安全教育などの安全対策を行なうことが大切である。あらゆる方策を講じたとしても、自然災害や不審者・交通事故などの人的災害に遭遇する危険がある。

　危機的状況の発生時や発生前後に、被害を最小限にするための危機管理を、組織的に行なうことが重要である。また、事故防止・安全対策・危機管理の取り組みを、自治体・警察・消防などの関係機関や近隣と連携し、行なっていく必要がある (**図表 4-2**)。

(2)「ヒヤリ・ハット」

　子どもの事故発生の背景には、多くの「ヒヤリ・ハット」が潜んでいる。事故の発生に関して、「ハインリッヒの法則」と呼ばれる調査結果がある。これは、「1 つの大きな事故の背後には、29 の軽微な事故があり、29 の事故の背後には、300 のヒヤリ・ハットが存在する」と、アメリカのハインリッヒ（Heinrich H. W. 1886 ～ 1962）が示したものである（新保育士養成講座、2018）。

　子どもの命に関わる重大事故の防止には、発生が予測された「ヒヤリ・ハット」の段階で対処していくことが重要である。「ヒヤリ・ハット」した事柄について職員間で共有し、予防策に取り組む。

　このように予防策は、「PDCA サイクル（Plan 計画・Do 実施・Check 評価・Action 改善）」に従うことで、よりよい予防策へと改善していかなければならない。

▶ 2 安全対策

(1) 安全管理

　安全管理には、危険物の除去、施設などの危険箇所の点検・整備などがある。保育の場では、施設の出入り口、廊下、階段、窓、コンセントなどの構造に注意し、園庭のガラスの破片や釘^{くぎ}などの危険物の除去、遊び道具の点検・整備に努める。

　乳幼児は、危険を回避するための心身の能力が発達途上にあり、危険に対する理解が乏しく、予測困難な事故も起こりうる。子どもの発達特性を考え、ある年齢では安全な環境であっても、違う年齢の子どもにとっては危険な環境に変化することもあり、子どもの生活行動に応じた保育的管理を要する。特に低年齢ほど成長・発達の個人差が大きいことは、忘れてはいけない視点である。

　地域では道路や公園、池や堤防などの環境について自治体や警察、消防などの関係機関や近隣と連携し、定期的な点検・整備をしていくことが望ましい。

(2) 安全教育

　体験を通して安全の習慣や態度を習得させていくことが必要である。特に幼児期後半は、ルールを守る意識が高まるため、子どもの発達段階に即した安全教育を行なっていく。子どもたちにわかりやすい紙芝居や絵本の活用、実際に保育士が行動を示したり、具体的な実例や場面を説明するなど、何度も繰り返して伝えていくことが大切である。

▶ 3 危機管理の取り組み

　危機管理とは、事故や事件、災害が起きた際にその影響を最低限にし、被害が拡大しないようにすることである。

(1) 訓練の実施

　消防法で定められた火災に対する避難訓練のほか、地震や津波、不審

者等を想定した訓練を、自治体や警察・消防、近隣等と連携し定期的に実施することが望ましい。目的は、災害などの「命に関わる異常事態」が発生したとき、あわてず冷静に対応できるために行なうものである。

(2) 危機管理マニュアルの作成

　保育施設は、それぞれに施設の環境、子どもの年齢や人数、職員の人員条件（経験年数や人数など）、保育・教育の方針が異なり、全体的かつ共通のマニュアルを作成することは困難である。

　しかし、危機的状況の発生時に、「発生時の危機管理」マニュアルを作成することにより、施設長の指示をその都度確認しなくても、保育士一人ひとりの迅速な危機対応が可能になる。さらに「事前の危機管理」や、危機がいったん収まった後の再発防止を図る「事後の危機管理」マニュアルを作成し、危機管理に迅速・的確に取り組めるようにすることが重要である。

　内閣府の「教育・保育施設等における事故防止及び事故発生時の対応のためのガイドライン」や文部科学省の「危機管理マニュアル作成の手引き」などを参考に、保育士が適切な行動を取れるように危機管理マニュアルを整理し、繰り返し確認・見直しをしていくことが大切である。

演習問題

　1.保育所で起こりうる重大事故に対し、どのように防止策をとると
　　良いか？
　　　①睡眠中の事故　②プール・水遊びの事故　③食事中の事故
　2.なぜ危機管理マニュアルを作成したほうが良いのか？
　　また、どのように活用すると良いか？

【引用・参考文献】

　猪瀬弘子、新保庄三、寺町東子『重大事故を防ぐ園づくり　研修&実践&トレーニング』ひとなる書房、2019年

新保育士養成講座編纂委員会編『子どもの保健〔改定3版〕』（新保育士養成講座第7巻）
　　全国社会福祉協議会、2018年

内閣府子ども・子育て本部「教育・保育施設等における事故防止及び事故発生時の対
　　応のためのガイドライン」（平成28〔2016〕年3月）

　　https://www8.cao.go.jp/shoushi/shinseido/meeting/kyouiku_hoiku/pdf/
　　guideline1.pdf（2019.9.1最終アクセス）

文部科学省「学校の危機管理マニュアル作成の手引き」の作成について（2018年）

　　http://www.mext.go.jp/a_menu/kenko/anzen/1401870.htm（2019.9.1最終アクセス）

谷田貝公昭監修、谷田貝公昭・髙橋弥生編『健康』（新版実践保育内容シリーズ1）一藝
　　社、2018年

山中龍宏・田村康夫監修「誤飲チェッカー」（誤飲・窒息防止教材）一般社団法人日本家
　　族計画協会

　　https://www.jfpa.or.jp/mother_child/prevent/002.html

（古城恵子）

第5章

第5章

保育における災害への備え

第1節 »»» 災害から子どもたちを守る

► 1 施設・設備や体制の整備

(1) 防災設備の定期的な安全点検

　保育所等では、消防法をはじめとする法令により、消防計画の作成、非常災害に関わる防災設備の設置、および防火管理者の設置等が義務付けられている。これは子どもたちの安全を確保し、いざというときに防災設備を使用できるように、日頃から施設の安全点検や設備の整備および点検を定期的に行なうことが基本である。

　また、全職員に防災設備の設置場所や使用方法を周知されていることも重要である。これらの取り組みを徹底するためには、日常的に行なわれるチェックリスト（**図表 5-1**）を用いた設備点検が有効である。

　設備点検では、施設、設備、遊具、玩具、用具、園庭等について、安全性の確保や機能の保持、保管の状況など具体的な点検項目や点検日、点検者を定めた上で、定期的に実施する必要がある。日常的には、避難経路の確保等のために整理整頓を行なうとともに、ロッカーや棚が転倒しないように突っ張り棒を設置したり、高い場所から物が落ちないように滑り止めを設置したり、ガラスに飛散防止シートを貼ったりと、安全な環境の整備に努める必要がある。ちなみに、こうした安全環境の整備は、日常の事故防止の観点からも重要である。

図表 5-1　風水害・地震・火災に対する平常時のチェックリスト

※地震・風水害等に対する備えが十分かどうかを防災訓練時など、定期的にチェックして、
万全の態勢を整えておきたい。また、施設の中や施設周辺の気になる箇所を職員全員で
話し合い、それぞれのチェックリストを作成してほしい。

対策方法	
	[立地環境と災害予測] □　地盤、地形などの立地環境と起こりうる災害予測の確認
	[情報伝達強化] □　館内一斉放送システムの強化
	[水道、ガス、電気の代替] □　災害時飲料水貯水槽兼用受水槽の設置 □　災害時協力井戸の確保（例：酒造会社等） □　灯油等燃料の備蓄、24 時間営業の石油販売店の把握（遠近とも） □　自家発電機の点検、更新
	[防火設備の点検等] □　消火器・屋内消火栓等の点検、更新 □　自動火災報知設備等の点検、更新
風水害・地震・火災	[建物・設備の耐震化] □　建物の耐震診断 □　必要に応じて建物等耐震補強工事 □　地震時、配管類接合部の切断、抜けおり防止のための点検
	[風水害対策] □　重要設備のかさ上げ工事などの防水対策 □　排水溝、アンテナ、屋根瓦、雨戸の点検 □　樹木の剪定と鉢植え、物干しの飛散、転倒防止
	[備品等の転倒防止] □　業務用設備の固定等、転倒・落下防止措置 □　冷蔵庫・テレビ等備品の転倒防止措置 □　居室、廊下、食堂、ホール内に不必要なものがないかチェック □　棚類からの落下防止措置（可能であれば傾斜棚の導入） □　飛散防止フィルム貼付け等による窓ガラス破損時の飛散防止、危険予防
	[その他建物内の安全確認] □　カーテン等燃えにくい素材のものを使用しているか □　防火扉や防火戸の閉鎖を妨げる障害物等が置かれていないか □　階段の手すりは安全か □　避難通路や避難口に障害物が置かれていないか □　排煙設備の作動は支障がないか（スムーズに開閉できるか） □　避難器具の点検
	[危険物の安全管理] □　ガス漏れによる火災防止に役立つ装置の設置 □　ガスボンベ固定金具の点検 □　薬品・可燃性危険物の安全保管
	[連絡体制の整備] □　夜間など勤務時間外を含めた職員への防災連絡網の作成 □　防災関係機関・施設保守管理委託業者・日常取引先・地元等連絡先リストの作成

□　施設外部（医療関係者・委託業者など）との緊急時連絡方法の検討
［役割分担］ □　災害応急対策の実施組織の作成と職員への周知
［緊急時の食料等の備蓄］ □　食料の備蓄（食べやすい食料〈スティッククラッカー、アルファ化米、固形スープ、 ハム缶等〉も必要）と緊急時必要物資、機材のリストの作成 □　入所者の避難持ち出し袋の準備
［水の確保］ □　飲料水（1人1日3リットルを目安） □　夜間は風呂やバケツに水をためておく（生活用水・消火用）
［医薬品］ □　応急医薬品や常備薬
［調理界目類］ □　鍋・釜・カセットコンロ（燃料含む）・紙食器等
［寝具類］ □　毛布・タオル・紙おむつ等
［その他］ □　懐中電灯・シート類・暖房器具（石油ストーブ、使い捨てカイロ） ［入所者一覧表等の準備］ □　入所者の医療情報や家族等への連絡先等が分かる一覧の作成と保管
［避難方法等］ □　災害時避難方法等の具体化（年齢別色分け区分・園児服等） □　家族等への引継基準の作成
［地域住民とのネットワークの構築］ □　地域との交流、住民との協力体制 □　夜間における非常時の町内会への協力依頼（非常ベルなど）
［防災計画の作成等］ □　防災計画の作成 □　被災事例等による計画の点検・見直し □　施設内防災訓練の実施 □　計画に基づく防災教育・訓練の実施
［地域防災訓練への参加等］ □　地域防災訓練への参加 □　地元との災害時支援協定
［その他（各施設における対策）］ □ □ □ □ □ □ □ □

出典［鹿児島市健康福祉局子育て支援部こども福祉課、2015］を基に筆者作成

(2) 施設の環境に合わせた災害対策マニュアルの整備

設備運営基準では、「児童福祉施設においては、軽便消火器等の消火器具、非常口その他非常災害に必要な設備を設けるとともに、非常災害に対する具体的計画を立て、これに対する不断の注意と訓練をするように努めなければならない」（第6条第1項）と定めている。しかし、非常時に迅速に動くことは簡単ではない。

そこで、保育所等の立地条件や規模、地域の実情を踏まえた上で、地震や火災などの災害が発生した時の対応等について、各保育所等がマニュアルを作成し、防災対策を確立しておく必要がある。

マニュアルの作成については、関係省庁や多くの各自治体が参考となる資料を準備している。それをもとにして、それぞれの保育所等に応じた災害の想定を行ない、生活における様々な時間や活動、場所で発生しうることを想定して備えることが大切である。

(3) 災害発生時の状況を想定した防災訓練の実施

消防法および設備運営基準は、保育所等の避難訓練を、月に1回は行なうように規定している。避難訓練では、災害発生時に子どもの安全を確保するために、避難する場所、避難する経路、通報、職員同士の役割分担と連絡手段、子どもの年齢および集団規模に応じた避難誘導等について意識して、全職員が実践的な対応能力を養う必要がある。

また、一般的な避難訓練とは異なり、様々な災害発生の状況下で子ども自身が発達過程に応じた行動や対応を身に付けることを目指して行なわれることが重要である。具体的な状況を想定して訓練を実施すると臨機応変に対応できるようになる。このため、土曜日や延長保育など通常とは異なる状況や、悪天候時や保育所外での保育等、多様な場面を想定した避難訓練も効果的である。また、食物アレルギーのある子どもや障害のある子どもなど、配慮が必要な子どもへの対応についても事前に検討しておくと、実際の避難時の対応もスムーズになる。そして、非常持ち出し袋を設置し、災害時救急用品の準備と確認を定期的に実施する。

第2節 »»» 家庭・地域との連携

▶ 1　保護者との連携

　災害発生時に、保育所等で過ごしていた子どもを安全に保護者に引き渡すためには、保育所等の努力だけではなく、保護者の協力が不可欠である。入所時や保護者会、保護者向けの「おたより」など様々な手段を通じ、災害発生時の対応について保護者の理解を得ておくべきでる。

　職員のみならず保護者の防災意識を高め継続させるためには、災害時に行なわれる保護者への安否確認の連絡方法の検討や、保護者と合同で引き渡し避難訓練を実施するのも効果的である。また、実施の前には、避難場所を保護者と共有しておくことはもちろんだが、保護者が子どもを迎えに来ることが困難な場合の保護者以外への引渡しのルールについても、決めておく必要がある。

▶ 2　地域の関係機関との連携

　災害発生時に連携や協力が必要となる関係機関には、消防、警察、保健・医療機関、自治会等がある。限られた数の職員で子どもたち全員の安全を確保するのは難しいため、地域の実態に応じ必要な連携や協力が得られるよう、近隣の商店街や企業、集合住宅管理者等を含めた地域の防災計画に関連した協力体制を構築しておくと大きな力となる。

　さらに、大規模な災害が発生した際には、保育所等が地域住民を受け入れたりする可能性があり、市町村や地域の関係機関等による支援を得ながら、子どもや地域の被害状況などの情報収集・伝達と並行し、保育の早期再開に向けた対応などに当たることも考えられる。そのため、いざという時に円滑に支援や協力を仰げるよう、日頃から地域の中で様々な機関や人々と関係を築いておくことも重要である。

^第3^節 ⟫⟫⟫ 災害を受けた子どもと家族

▶1　災害時の子どもの心身への影響

　子どもの場合、発達段階によって災害時に留意しなければいけない点がある。例えば、成人と比べて呼吸回数が多いため、多量の有害物質を吸入する可能性が高い。また、水分出納バランスの未熟さから脱水症状になりやすく、さらには体温調節の未熟さやウィルスに感染しやすい。大人と比べ未発達な子どもは、月齢が低くなるほど些細なことが健康に影響するので、直面した災害の状況に応じて、医療職と連携し、子どもが迅速かつ適切なケアを受けられるように支援する必要がある。

　また子どもは、災害によって命の危険を感じたり、家族状況の変化など、非日常的な環境におかれたりすることでストレスを受け、その受け止め方は発達段階や個性によっても異なる。災害直後は、夜泣きや赤ちゃん返りなどの反応が見られる。これは非日常的な経験により、急性ストレス障害を発症した子どもに起きやすい症状であるが、早期の適切な対応で症状の長期化を予防することができる（**図表5-2**）。

　ただし、これらの症状が1か月以上続き、日常生活にも支障を来たす場合は、PTSD（心的外傷後ストレス障害）として、専門家による援助が必要となる。

▶2　被災した子どもへの保育と家族との関わり

　被災した子どもとの関わり方は、被災状況によっても異なる。

　例えば、①保育士が子どもと一緒に被災したケース、②被災地の保育所等が子どもの心理負担軽減や保護者の自宅復旧支援目的等で保育ボランティアを募るケース、③他県等で被災した子どもを安全な地域の自治体と保育所等が受け入れるケースなどが見られる。災害支援の一環とし

図表 5-2　災害時に示す年齢別の行動・反応と対応

年齢	行動・反応		対応方法
	身体	情動	
乳児	・食欲不振、消化不良、嘔吐 ・おねしょ、下痢、便秘 ・寝つきが悪い ・夜泣き	・小さな音に過敏に反応 ・短気、反抗、強情 ・表情が乏しい ・チック ・会話困難（口ごもりや吃音） ・親の側を離れたがらない ・指しゃぶり ・暗闇恐怖	・大人が落ち着いた時間を持ち、スキンシップをとる ・安心感を与える言葉を多くかける、身体的な安楽感を与える（抱擁、愛撫） ・温かいミルクを与えたり、添い寝しながら慰めたりする ・もし必要なら親と一緒に寝させる ・遊びをとおして感情を表出させる（フィンガーペインティング、粘土遊びなど）
幼児〜学童（低学年）	・食欲低下 ・頻尿、おねしょ、遺糞 ・頭痛 ・視覚、聴覚問題の訴え ・かゆみとひっかき ・爪噛み、チック、自傷行為 ・睡眠障害、疲労感	・赤ちゃん返り（退行：指しゃぶり、夜尿、抱っこの要求、親から離れないなど） ・無気力、無感動、無表情、集中力低下 ・泣きやすい、怒りやすい、通常見られない社会行動（親友や兄弟姉妹とのけんか） ・遊びグループや友達とつきあわない ・家族との接触を避ける ・前に気に入っていた活動に興味がなくなる ・震災ごっこ、積み木くずし、暴力的遊び ・フラッシュバックのようなパニック行動	・子どもの反応の意味を親や家族へも説明しする。 ・一緒に遊んだり、抱きしめて「大丈夫」と伝える（家族にも伝える） ・やさしく接する、年下の子どもより、もっと責任があることを伝える ・一時的に生活における要求を最適なレベルに下げる ・災害についての考えや感覚を、言葉で表現するように勧める ・負担にならないような責任や復興活動をさせる ・同年齢のグループ活動に参加できるよう援助する ・将来の災害に取り入れるために、安全対策をリハーサルする

出典［竹中、1999／奈良間、2019］を基に筆者作成

　て、保育料を免除する自治体も少なくない。このように被災した子ども
と家族への保育の必要性と、よりよい関わり方についても検討していく
必要がある。
　実際に被災した子どもと関わる際、子どもの状況をまず見極めること
から始まる。特に、どのような環境に置かれ、どのようなストレスを感

じているのかを知るようにする。子どもは現状を説明できない場合が多いので、子どもの行動をよく観察して見極める必要がある。できれば、家族からも情報を得るようにする。そして、子どもの気持ちを受け止め、子どもが安心できる人間関係づくりや環境設計を進めていく。

　絵を描いたり、ごっこ遊びなどの好きな遊びに没頭できるような環境を整えたり運動したりと、自由な活動ができる場があれば、ストレスの発散にもつながる。年齢が低いほど情緒や認知能力が未熟なので、PTSDを発症しないように関わる必要がある。

　また、子どもと一緒にいる家族も同じ被災者であり、家族が子どもに与える影響は大きい。そのことを考えると、子どもの家族も心身の健康な状態を維持できるように、保育士が関わっていくことが望まれる。家族の心理面や置かれた状況について把握しながら、家族の話を傾聴・共感する、時には気分転換を促すなどの支援は特に効果的である。

【引用・参考文献】

竹内晃二『阪神・淡路大震災と子どもの心身』名古屋大学出版会、1999年

田中浩二、日本保育協会監修『写真で学ぶ! 保育現場のリスクマネジメント（保育わかばBOOKS）』中央法規出、2017年

奈良間美保『系統看護学講座 専門分野Ⅱ 小児看護学1』医学書院、2019年

鹿児島市健康福祉局子育て支援部子ども福祉課「児童福祉施設等における非常災害対策の計画作成の手引き（改定版）」
https://www.city.kagoshima.lg.jp/kenkofukushi/kosodate/hoiku/hijousaigai.html（2019.9.17最終アクセス）

BuzzFeedJAPAN「『奇跡は、［偶然］ではおきない』園児全員を津波から救った保育所長が伝えたこと」
https://headlines.yahoo.co.jp/hl?a=20160313-00010000-bfj-soci（2019.9.17最終アクセス）

（福永知久）

第6章

体調不良および傷害発生時の応急処置

第1節 »»» 体調不良の子どもへの対応

► 1 子どもの体調を把握するポイント

　子どもが自ら体調が悪いと訴えてくることは難しい。そこで、ふだんと違う症状に、大人が気づく必要があり、子どもの症状を見るポイントを理解したい（**図表 6-1**）。

　こうした様子が見受けられたときは、体調を崩しているサインの可能

図表 6-1　子どもの症状を見るポイント

顔・表情	顔色が悪い、ぼんやりしている、目の動きに元気がない
目	目やにがある、目が赤い、まぶたが腫れぼったい、まぶしがる、なみだ目である
鼻	鼻水・鼻づまりがある、くしゃみがある、鼻づかいが荒い
口	唇の色が悪い、唇・口の中に痛みがある、舌が赤い、荒れている
耳	耳だれがある、痛がる、耳をさわる
のど	痛がる、赤くなっている、声がかれている、咳が出る
胸	呼吸が苦しそう、咳・喘鳴（ぜんめい）がある、咳で吐く
お腹	張っていてさわると痛がる、股（また）の付け根が腫れている
皮膚	赤く腫れている、ポツポツと湿疹がある、カサカサがある、水疱・化膿・出血がある、虫刺されで赤くはれている、打撲のあざがある、傷がある
尿	回数・量・色・においが、ふだんと違う
便	量・色・固さ・回数・におい・下痢・便秘等、ふだんと違う
食欲	ふだんより食欲がない
睡眠	泣いて目がさめる、目覚めが悪く機嫌が悪い
その他	親から離れず機嫌が悪い、ふだんよりぐずる、急に吐いた、睡眠途中で目を覚ますなど

出典［厚生労働省、2012 年改訂版］を基に筆者作成

性がある。なるべく早く異変に気づくことができるよう、個々の子ども
のふだんの様子を認識しておくことが大切である。

► 2 バイタルサイン

「バイタルサイン」とは、生命が維持されていることを示す指標で、
呼吸、心拍、血圧、体温などを指す。

ここでは体温、心拍、についての正常値と測定方法について説明する。
ふだんの数値がどの程度なのか把握しておくと、子どもの体調不良を発
見しやすくなる。

(1) 体温

子どもは新陳代謝がさかんなため、大人に比べて平熱が高い傾向にあ
る。乳児では 36.3 ～ 37.4℃、幼児では 36.5 ～ 37.4℃ が正常値となる。
体温調節が未熟なため、環境温に影響されやすく、着せ過ぎによっても
体温が上昇してしまう。体温測定の部位としては、腋窩（脇の下）、口腔
（口の中）、鼓膜、直腸などがあるが、測定部位で温度が異なるので、常
に同じ部位で測定することが大切である。

また体温は、一日の中でも変化するため、毎日同じ時間に測定し、体
調の異変に気づけるようにすることが大切である。

(2) 脈拍

乳幼児は、1 回の拍動で心臓から送り出される血液量が少ないため回
数が増え、大人に比べて脈拍数が多くなる。乳児で毎分 110 ～ 130 回、
幼児で毎分 100 ～ 110 回が正常値となる。発熱、興奮、運動時は脈拍数
が多くなる。測定する部位は手首の橈骨動脈が一般的に多い。

► 3 体調不良とその対処法

子どもの体調不良は様々な原因により起こり、同じ症状でもその対応
が異なる場合がある。いつもと違う子どもの様子を敏感に感じとり、早
めに対応することが必要である。

（1）発熱

　子どもに発熱があった時には、他の症状（咳、嘔吐、下痢、発疹、喉やおなかの痛みなど）がないかを確認し、その症状に合わせた対応をする。高熱の場合は、脱水症状をおこしやすいため水分補給に気をつけ、こまめに水分を与えるようにする。

　暑がるときは薄着にし、涼しくする。嫌がらなければ、首の付け根、脇の下、足の付け根を冷やす。ただし、手足が冷たい時、寒気がある時は保温をする。微熱の場合は水分補給をして静かに過ごさせ、30分くらい様子を見てから再検温する。

　3か月未満の乳児に38℃以上の発熱の症状が見られた時には、特に注意して早急に医療機関を受診するよう保護者に伝える。もし、熱性けいれんの既往がある子どもの場合には、事前に保護者と対応を確認しておくことが大切である。

（2）下痢

　下痢の症状が見られた場合は、回数、色、固さ、臭い、量などを観察し記録しておく。食事や水分を摂ると刺激で下痢をする場合や、腹痛を伴う下痢、水様便が2回以上みられる場合は保護者に連絡し、医療機関を早めに受診してもらうようにする。

　なお、受診の際に便の付いたままのおむつを持って行くと実際の便から診断することができてよい。嘔吐や吐き気が無ければ、下痢で水分が失われるので、経口補水液等を少量ずつ与え、水分補給を十分に行なうようにする。

　保育士は、感染予防のため、適切に便を処理し、ふだんから手洗いをしっかり行なうことが大切である。

　子どもの下痢で最も多いのは細菌やウイルスの腸管感染によるものであるため、汚物の処理時はマスクや専用のエプロン、使い捨て手袋を使用し、汚れたおむつや下着は1回ずつビニール袋に入れて密閉するようにする。

（3） 嘔吐

　子どもの嘔吐は感染症によっておこる場合もあるが、咳込んだ時に嘔吐をしたり、乳児が飲み過ぎや哺乳時に空気をたくさん飲み込んでしまうことでおこる溢乳によって、口からミルクや母乳を出す場合もある。何がきっかけで吐いたのか確認し、機嫌が悪くなく他の症状が無ければ心配ない。嘔吐があった場合には、吐物の様子、吐き方などを観察し記録しておくようにする。

　吐き気がとまらない、2回以上の嘔吐がある、水を飲んでも吐く、下痢や腹痛を伴う、といった場合には、保護者に連絡する。また、嘔吐物の処理を行なう者と、嘔吐児の対応にあたる者は手分けをする。感染症が疑われる場合には嘔吐児を別室で保育し、感染が拡大しないように気をつける。

　吐物による窒息を防ぐため、嘔吐がある子どもは身体を横向きにして寝かせる。口をゆすぐことができる場合はゆすぎ、吐物の臭いで気分が悪くならないよう換気を行なうようにする。

　なお水分補給は、吐き気のあるうちはできない。1時間ほどして吐かないようなら、少しずつ数回に分けて水分を与えるようにするとよい。また、頭を打った後に嘔吐を繰り返した場合は、横向けに寝かせ、大至急、脳外科の受診をする。

（4） 咳

　咳に発熱が伴っていたり、感染症の疑いがある時は別室で対応し、保護者へ連絡して医療機関を受診してもらう。「ゼイゼイ、ヒューヒュー」と音がして苦しそうな時や、元気だった子どもが突然せきこみ、呼吸が苦しそうになった時などは至急の受診が必要である。

　咳をしている時は上体を起こすと楽になるので、上半身を高くして寝かせるか、乳児の場合はたて抱きにする。幼児の場合は、前かがみの姿勢で座って呼吸をさせ、背中をさすったり、軽くたたく（タッピング）と良い。

　食事は消化の良い、刺激の少ないものをとらせ、水分補給は少量ずつ
頻回に行なう。
<small>ひんかい</small>

(5) 発疹
<small>ほっしん</small>

　発疹には、アレルギーによる急性のものや、感染症によるもの、また、
下着の摩擦や発汗によるものなど様々あるため、子どものアレルギーや
既往歴を確認しておくことが重要である。アレルギーが原因の発疹が出
た場合の対応を、あらかじめ保護者と確認しておくことも大切である。
　発疹が出た場合には、時間とともに増えていないか、出ている場所は
どこか、どのような発疹か、かゆがっているか、など様子を観察し、も
し発熱を伴ったり、発疹の原因がよくわからない場合には、感染症予防
のため別室で保育し、保護者に連絡して医療機関を受診してもらうよう
にする。

第2節 »»» 事故やけがの応急処置

▶1　応急処置のポイント

(1) 切った、擦った、刺さった
　土で汚れている場合は流水で洗い、出血している場合は清潔なガーゼ
を当て、止血する。
　止血の方法には、①直接圧迫止血、②高位保持（傷口を心臓より高く上
げる）、③間接圧迫止血があり、①が最も確実で、②は他の止血法と併
用して行う。③は直接圧迫がすぐにできないときに行ない、直接圧迫が
開始されたら中止する。主に手や足からの出血の場合、出血している部
位より心臓に近い動脈（止血点）を手や指で圧迫し、止血する。
　とげが刺さったら、とげの先が見える場合は毛抜きなどで抜く。皮膚
に入り込んでいる場合は、熱消毒した針やピンセットで取り除く。

(2) 打撲

打撲の場合、まずは冷やす。頭部の場合は、吐き気がないか確認する。胸部の場合は、壁に寄りかからせるなどして呼吸が楽になる姿勢を確保する。腹部の場合は、本人にとって楽な姿勢で寝かせる。

(3) 口の中のけが

園で治療が難しい場合は、口腔外科を受診する。歯が根元から脱落した場合は、元の位置に植えることが可能な場合があるので、水道水で洗わず、生理食塩水や牛乳に入れ、乾燥させないよう歯を保存する。

(4) 鼻血

上を向かせず、少し前かがみに座らせ、小鼻の内側にあるキーゼルバッハ部位（鼻の穴から約1cm入ったところ）を、外側から指で少し強めに押さえ、5〜10分程度圧迫する。

(5) やけど

流水で10〜15分くらい、痛みや熱感がなくなるまで冷やす。衣服が貼りついている場合は、無理にはがさずにシャワーなどで冷やし、水ぶくれなどは細菌感染を防ぐためできるだけつぶさないようにする。やけどの深度によって医療機関受診の目安が異なり、Ⅰ度（発赤）＝手のひらより大きなやけど、Ⅱ度（水疱）＝500円硬貨より大きいやけど、Ⅲ度（青白色、皮膚が無い）＝すべての大きさのやけど、において受診する。

(5) 誤飲・誤嚥

誤飲（食べ物以外のものを飲み込んでしまうこと）・誤嚥（気管にものが誤って入ること）したものによって対処が異なる。

たばこは、吐かせる。漂白剤・トイレ用洗浄剤や灯油は吐かせず、至急医療機関を受診する。薬品や洗濯洗剤は水を飲ませて吐かせたあと、医療機関を受診する。またボタン電池は、消化管の壁を損傷する恐れがあるため、誤飲の可能性があれば一刻も早く医療機関を受診する。

第3節 »»» 緊急時の対応体制

▶ 1　感染症への対応体制

(1) 記録の重要性

　個々の子どもに関して、日々体調に異変があれば記録として残すようにし、どの職員も一目でわかるようにしておくことが大切である。

　さらに、それぞれの既往歴、予防接種の状況、アレルギーの特徴などを表にしてすぐ見られるようにしておくと、対処がスムーズに行なえる。

(2) 職員、嘱託医、保護者の連携

　感染症の発生、対策については、嘱託医と情報を共有し、適切な助言を得ることが大切である。また、市区町村、保健所などに連絡し、その指示に従い、対処することが必要な場合もある。

　さらに、保護者に感染状況を伝え、予防方法・看護方法について情報提供を行ない、感染拡大防止のため一緒に協力してもらえるような関係を築くことも重要である。

▶ 2　事故発生時の対応

　事故に関しては、内閣府などから「教育・保育施設等における事故防止及び事故発生時の対応のためのガイドライン【事故発生時の対応】──施設・事業者、地方自治体共通」(2016 年 3 月)が出されている。それを参考に、それぞれの保育所や幼稚園でマニュアルを作成しておくことが重要である。

演習問題

1. 体温測定の手順を復習し、友だちの体温を測定しよう。また、測定のポイントとともに、乳児や幼児の正常値についてまとめよう。
2. 鼻血が出た時の対処について、友だちを子ども役にして実際にやってみよう。どういうポイントがあったか自分でまとめよう。

【引用・参考文献】

江口正信編著『新訂版 根拠から学ぶ基礎看護技術』サイオ出版、2015年

厚生労働省「保育所における感染症対策ガイドライン（2012年改訂版）」

　　https://www.mhlw.go.jp/bunya/kodomo/pdf/hoiku02.pdf#search

　　（2019.9.2最終アクセス）

榊原洋一監修、小林美由紀執筆『これならわかる！ 子どもの保健演習ノート〔改訂第3版〕

　　子育てパートナーが知っておきたいこと』診断と治療社、2016年

鈴木美枝子編著『これだけはおさえたい！保育者のための子どもの保健II〔第2版〕』

　　創成社、2017年

内閣府「教育・保育施設等における事故防止及び事故発生時の対応のためのガイドライン【事故発生時の対応】──施設・事業者、地方自治体共通」

　　https://www8.cao.go.jp/shoushi/shinseido/law/kodomo3houan/pdf/h280331/

　　taiou.pdf#search（2019.9.2最終アクセス）

横浜市こども青少年局 保育・教育運営課「事故防止と事故対応」

　　https://www.city.yokohama.lg.jp/business/bunyabetsu/kosodate/iko/shisetsu_

　　oshirase.files/0016_20190314.pdf#search（2019.9.2最終アクセス）

（塩野谷祐子）

第**7**章

救急処置および救急蘇生法

第**1**節 »»» 子どもの事故の特徴

　保育所等では、事故を未然に防ぎ、安全な環境を整えることは、大切な責務である。この章では、子どもに起こりやすい事故と事故防止方法を考えるとともに、不幸にも起きてしまった事故に対する対処法、および心肺蘇生法について示す。

▶ 1　近年の子どもの事故の特徴

　子どもが死亡した年齢別死亡順位に示した（**図表 7-1**）。死亡原因では、いずれも不慮の事故による死亡数が、上位を占めている。

　2016 年の不慮の事故の死因別では、窒息が最も多く、次いで転倒・転落、溺死及び溺水、交通事故などが多い。年齢階級別の死亡率では、乳児期に高く、学童期に向けて減少傾向にある。

図表 7-1　年齢別死亡順位（2017 年 人口動態統計）

	第 1 位	第 2 位	第 3 位	第 4 位	第 5 位
0 歳	先天奇形等	呼吸障害等	**不慮の事故**	乳幼児突然死症候群	出血性障害等
1 ～ 4 歳	先天奇形等	**不慮の事故**	悪性新生物	心疾患	肺炎
5 ～ 9 歳	悪性新生物	**不慮の事故**	先天奇形等	心疾患	その他の新生物
10 ～ 14 歳	自殺	悪性新生物	**不慮の事故**	先天奇形等	心疾患
15 ～ 19 歳	自殺	**不慮の事故**	悪性新生物	心疾患	先天奇形等

出典［厚生労働省、2017］

► 2　子どもが事故にあいやすい特性

　子どもの事故は、子どもの身体発達や精神的発達の特徴と関係がある。

（1）子どもが事故にあいやすい身体的・精神的発達の特性

①子どもは大人と比べて小さい。

　　・子どもは大人と比べて、身長や体重、その他すべてが小さい。

　　・全身への影響が大きく、事故の影響が重症化する。

②子どもは身体バランスが大人と異なる。

　　・3歳でだいたい3頭身、3〜6歳児で5頭身前後と頭の比率が大き
　　　い。また、胴体の厚みよりも頭の直径が大きい。

③子どもは身体機能、運動能力が未熟である。

　　・平衡感覚が未熟で素早く身をかわして危険を避けることができない。

④子どもの理解力や行動は、大人と異なる。

　　・筋力が弱く、身体を支えたり、ものにつかまったりできない。

（2）子どもが事故にあいやすい時期

①月別　4月下旬〜7月：慣らし保育から通常保育に移行する時期

　　　　　9月：長期休み明け

②曜日別　月曜、金曜が多いとの説もあるが曜日による有意差はない。

③時間帯　10時〜11時、16時〜17時（いずれも自由時間）

　子どもの成長発達の理解、事故の特性の把握、環境調整や人員配置などを考える必要性がある。

第2節 »»» 園舎・園庭でよく起こる事故と対応

► 1　園舎でよく起こる事故とは

　保育所等で起こる事故は、家庭に比べると数的には少ない。しかし、

図表7-2　よく起こる事故の分類

出血や痛み・腫れを伴う事故	・指を挟む・ぶつかる・転落・転ぶ・虫さされ・刺す・噛みつき・引っ掻き・歯の外傷・目や耳の異物
救急対応が必要になりそうな事故	・ぶつかる・転落・やけど・溺水・窒息・鼻出血・虫さされ・骨折・誤嚥・歯の外傷
救急車対応が必要と思われる事故	・開放性外傷・解放性骨折・意識障害

出典［田中、2011］を基に筆者作成

家庭に比べると事故の発生件数に対し、死亡に至るケースが多い。よく起こる事故を、**図表7-2** に示す。

► 2　簡単な応急処置と注意点

(1) 虫さされ

・虫に刺された場合には、刺された場所や皮膚の状態を確認する。
・刺入部の確認が出来たら、毒を絞り出しながら流水で洗う。
・毛虫等の場合には、こすらず、患部を安静にし、皮膚科を受診する。
・スズメバチなどに刺されると、アレルギーショックを起こす場合があるため、状態観察を行なうとともに、早急に病院受診をする。

(2) 出血

・傷の深さや出血の状態を確認する。
・出血が多い場合や、骨や肉が見える、範囲が大きい場合には、病院受診をする。
・傷口を流水できれいに洗う。
・清潔なガーゼを傷口にあてる。ハイドロコロイド貼付薬を使用してもよい。出血がある場合には、ガーゼの上から押さえる。
＜注意点＞・処置を行なう際に血液感染をしないよう手袋を着用する。
　　　　　　・傷口に雑菌が付かないよう、砂や泥は丁寧に流水で洗う。

（3）腫れ

・傷や変形がないか確認する。

・傷や変形がない場合には、冷たい氷水や保冷剤などで患部を冷やし、安静にして様子をみるか、病院受診をする。

・変形がみられる場合には、固定をして病院受診をする。

（4）目の異物

・手でこすらないように話し、なだめる。

・充血や腫れがないか確認をする。

・異物の大きさを確認し、小さい場合には静かに目をぱちぱち開閉させ、涙で流す。取り除けない場合には流水で洗い流す。

・激しい痛みが伴う場合には、病院受診をする。

（5）鼻出血

・子どもを前かがみにさせ、鼻の付け根を強く圧迫する。

・5～10分しても止まらない場合には、耳鼻科を受診をする。

＜注意点＞・仰向けに寝かせる、上を向かせてはいけない。

　　　　　・鼻に綿球やティシュ等の詰めものはしない。

（6）骨折

・骨折を疑う場合には、RICE処置を速やかに行なう。「RICE」とは、「Rest（安静）、Icing（冷却）、Compression（圧迫）、Elevation（挙上：持ち上げること）」の頭文字にちなむ、外傷の際の応急処置の基本である。

・雑誌・新聞・ダンボールなどで、骨折部位を中心に関節を越えて固定を行なう。

・早急に病院受診をする。

＜注意点＞・子どもの骨は柔らかいため、骨折ではぐにゃっと曲がった状態になる。

（7）溺水

・園内では、プールや水たまり等で起こることがある。

・家庭の浴槽内で事故が起こりやすいことを認識し、安全対策をする。

・発見後は、ただちに心肺蘇生法を行なう。

(8) 誤嚥（ごえん）

・ふだんから、乳幼児が誤飲・誤嚥しやすい危険なものは、乳幼児の手の届かない場所に片付ける。

・咳込みや泣いている場合は、背中を叩く、さする等状態に合わせる。

・反応がない、呼吸がない場合は救急蘇生法を行なう。

＜原因となるもの＞ボタン電池・硬貨・アクセサリー・こんにゃくゼリー・餅（もち）・玩具・洗剤・化粧品・煙草（たばこ）・漂白剤・薬・化粧品等。

【注意点】・口腔内に異物を見つけても口の中に指を入れない。

(9) けいれん

・熱性けいれんと、てんかんが代表的。突然意識を失い、カラダ全体を硬くして震わせる。個人差はあるが、しばらくすると回復する。初めてのけいれんでは、原因がわからないためあわてることがあるが、落ち着いて行動する。

＜観察項目＞発熱の有無の確認、どのくらいの時間続いたか、どこから始まり、どのように広がったか、けいれん後に意識はどのくらいで戻ったか。

＜緊急対応＞

　　唇（くちびる）の色が紫で呼吸が弱い、けいれんが止まっても意識が戻らない、けいれんが 5 分以上続いている以上の 1 つでも当てはまることがあれば救急車を呼ぶ。

▶ 3　事故が起きた時の連絡方法の流れ

　あらかじめ、事故が発生した状況を想定した、安全管理体制の整備や事故が発生した場合の手順や連絡の流れ等をまとめた、園独自のマニュアル（**図表 7-3**）を整えておくことが、重要である。

＜保護者の希望・かかりつけ医の確認＞受診の方法や、手段・受診場所の希望の有無。

図表7-3　事故発生時のマニュアルの一例

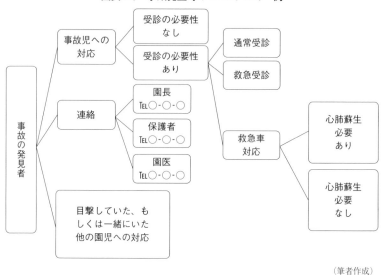

（筆者作成）

＜受診先確保＞

＜必要物品＞検診票など情報シート・緊急連絡表・現金・携帯電話・受
　傷者の着替えや荷物。

第**3**節 »»» 心肺蘇生法

► 1　AED（自動体外式除細動器）を使用した手順

　心肺蘇生法は、生死に関わる重篤な状態に陥った子どもを助けるため
の一時処置である。その知識や手順は、保育士にも必要である。

　心肺蘇生では、「AED（Automated External Defibrillator：自動体外式除
細動器）」が使用される。

　AEDとは、「コンピューターによって自動的に心電図を解析し、除細
動の要否を音声で知らせ、必要な場合には電気ショックにより除細動を

行うことができる機器で」「音声メッセージに従うことにより、市民で
も 扱 」える（日本赤十字社ホームページ）。

　ただし、心肺蘇生には、次の手順を理解する必要がある。

①　周囲の状況確認（二次的被害はないか、安全な場所であるか）。

②　傷病者に反応がないか確認。

③　大声で周囲に助けを求める。

④　救急要請（119）を行なう。

⑤　呼吸・脈拍の確認。

⑥　⑤まで実行の後、以下の A、B、C のいずれかを選択。

　【A：呼吸・脈拍ともに正常】

　・傷病者のもとで状態観察を行ないながら、救急車の到着を待つ。

　【B：呼吸なし、脈拍あり】

　・人工呼吸開始（1 回／ 3 〜 5 秒、または、約 12 〜 20 回／分。脈拍が
　　60 回／分以下で、かつ唇の色・手足の色が紫等の循環不全の症状がみら
　　れる場合、胸骨圧迫（強く〔大人 5cm 以上・乳児や子どもは、胸の厚さ
　　が 1 ／ 3 以上沈むように圧迫〕・速く〔100 〜 120 回／分〕・絶え間なく〔中
　　断はできるだけ避ける〕）を開始する。

　【C：呼吸なし、脈拍なし】

　・胸骨圧迫開始。

⑦　AED 装着（AED は、到着次第すぐに装着する）。

⑧　AED の指示に従う（救急隊が到着するまで AED は外さない）。

▶ 2　AEDの取り扱い方の注意点

　AED は、多くの公共施設、駅構内、大型商業施設等に設置されてい
る。使用の際は、次のような注意が必要である。

　①「大人用」「小児用」の切り替えレバーがある、②体が濡れている
場合は、渇いたタオル等で拭き、その後電極パッドを貼る、③皮膚が盛
り上がっている場合、皮膚が盛り上がった部分から 3cm 以上離し電極

パッドを貼る。また、医療用貼付薬・シップ薬は剝がし、その部分を拭いて電極パッドを貼る。

【引用・参考文献】

教育・保育施設等の事故防止のためのガイドラインに関する調査研究事業検討委員会「教育・保育施設等における事故防止及び事故発生時の対応のためのガイドライン」厚生労働省、2016年

『国民衛生の動向 2019/2020』(「厚生の指標」2019年8月増刊) 一般財団法人厚生労働統計協会、2019年

全国保育園保健師看護師連絡会『保育のなかの事故—子どもの命を守る保健活動』(保健指導シリーズNo.8) 一般社団法人全国保育園保健師看護師連絡会、2012年

田中哲郎『保育園における事故防止と危機管理マニュアル』日本小児医事出版、2008年

田中哲郎『保育園における事故防止と安全管理』日本小児医事出版、2011年

寺島裕夫編著『標準傷病名辞典 Ver.3.0』医学通信社、2015年

東京都福祉保健局編「乳幼児期の事故の特徴と保護者への事故防止教育の重要性」(『乳幼児の事故防止教育ハンドブック』第3章) p12.

http://www.fukushihoken.metro.tokyo.jp/kodomo/shussan/nyuyoji/jiko_kyouiku.files/handbook3-6.pdf

内閣府編『平成25年版 子ども・若者白書〔全体版〕』内閣府、2015年

山中龍宏「事故による子どもの傷害予防に取り組む」(『国民生活研究』第49巻第2号、独立法人国民生活センター、2009年9月)、pp.49-75

American Heart Association, 2015 American Heart Association guidelines : update for CPR and ECC, American Heart Association, 2015年

（遠藤由美子）

第**8**章

感染症の集団発生の予防と
発生後の対応

第**1**節 »»» 感染経路と感染予防策

　感染症（infectious disease）とは、病気を引き起こす細菌、カビやウイルスといった、生きた病原体が身体の中に入り、生息することによって、発熱や発疹などの症状が現れた状態である。子どもは免疫機能が未熟であり、抵抗力が弱いため、様々な感染症に罹患する。また、保育所等は集団生活をするため、子ども同士が接触する機会が多い場所であることから、不特定多数の人に広がることが多い。そのため、感染予防のための正しい知識と適切な対応が求められる。

　感染症の発生には、①感染源、②感染経路、③感受性のある人や動物（宿主）の3要因がそろう必要がある。そのため、それぞれ正しい対策を行なうことで、感染拡大の予防が可能である。

　感染源とは感染の原因となる病原体を排出するものであり、病原体がどのように伝播するかを感染経路と言う。主に、飛沫感染、空気感染、接触感染、経口感染、血液感染、および媒介動物感染などがある。病原体によっては複数の感染経路を介する場合もある。

▶ 1　飛沫感染

　飛沫感染する主な病原体は、A群溶血レンサ球菌や百日咳菌といった細菌やインフルエンザウイルス、RSウイルスやアデノウイルスなどのウイルスがある。ただし、インフルエンザウイルス、RSウイルスや百日咳菌は主に飛沫感染であるが、接触感染することもある。

　感染経路は、感染している人のくしゃみ、咳や会話などの際に飛散するつばなどの体液の粒子が、他人の口や鼻などの粘膜に付着することで感染が成立する。飛沫の飛散は、1〜2m程度であるため、多くの場合、飛沫を浴びないように感染者から離れることで、感染を予防することができる。また、室内の換気をこまめに行なうことも有効である。さらに、くしゃみや咳などを人に向けないように、ハンカチなどで口を覆うといった、咳エチケットを実施することが大切である。子どもが咳エチケットについて身に着けられるように、日頃からの関わりが重要である。

▶ 2　空気感染

　空気感染する主な病原体は、結核菌などの細菌や麻疹（はしか）ウイルス、水痘ウイルスなどのウイルスがある。麻疹は、空気感染および接触感染により感染し、感染力が非常に強い。

　空気感染は、空気中に浮遊する病原体を吸い込んで感染する。飛沫感染と違い、感染者と非感染者との距離を離した状態でも起こる。そのため、空気感染対策の基本は、発症者の隔離と室内の換気である。室内の換気の際には、空調が共通である空間内の全てが感染リスクとなるため、注意が必要である。

▶ 3　接触感染

　接触感染する主な病原体は、腸管出血性大腸菌や百日咳菌などの細菌、ノロウイルス、ロタウイルス、麻疹ウイルスやインフルエンザウイルスなどのウイルス、アタマジラミなどの昆虫や真菌（カビ）などがある。

　接触感染は、病原体に直接触れることで伝播するが、身体の表面に付着しただけでは感染は成立しない。しかし、病原体で汚染された手で目や鼻を触ったり、遊具類やタオルなどの器物を、舐めるなどすることによって、病原体が身体に侵入し、感染する。そのため、接触感染対策の基本は、適切な手洗いの手順に従い、手洗いをすることが重要である。

　また、手拭き用のタオルの共有はしないようにすることが必要である。さらに、手洗いの時には、ペーパータオルを使用することが望ましいが、常用が難しい場合、感染性胃腸炎（ノロウイルスやロタウイルスなど）が保育所内で発生している間は、使用することが推奨される。

　そして、病原体で汚染された遊具類や室内環境を消毒する際は、病原体の特徴に応じた消毒薬を用いて、適切かつ迅速に行ない、汚染拡大を防止することが必要である。

▶ 4　経口感染

　経口感染する主な病原体は、サルモネラ属菌、カンピロバクター菌や腸管出血性大腸菌などの細菌、ロタウイルス、ノロウイルスやアデノウイルスなどのウイルスがある。

　経口感染は、汚染された食物や飲料水が原因となり、消化器官に病原体が達して、感染が成立する。よって、食品や飲料水などの取り扱いの際には、衛生管理を適切に行なう必要がある。具体的には、調理器具の洗浄や消毒の徹底、肉や魚類などの十分な加熱処理が挙げられる。また、調理従事者や配膳者の手指衛生も重要となる。

▶ 5　血液感染

　血液感染は、B 型肝炎ウイルス、C 型肝炎ウイルスや、ヒト免疫不全ウイルスなどのウイルスがある。

　血液感染は、血液中の病原体が、身体の粘膜や傷ついた皮膚への接触などにより、体内に入ることで感染することがある。そのため、ひっかき傷、かみ傷や鼻血などの血液に触る際には、使い捨ての手袋を装着した状態で処置を行なうことが大切である。病原体は目に見えないだけでなく、症状が全くない場合もある。そのため、防護することなく触れることがないよう、注意が必要である。

　人の血液や排泄物などには、感染する病原体を含む可能性がある、と

みなして対処する方法を、標準予防策と言う。これは、医療機関で行なわれている予防策であるが、保育所等でも可能な限り対応することが望ましい。

▶6　媒介動物感染

　媒介動物感染の主な病原体は、日本脳炎ウイルスやデングウイルスなどのウイルス、マラリアといった原虫がある。

　媒介動物感染は、病原体が動物（節足動物）の体内を経由し、病原体をもった蚊やダニなどに刺されることで、感染する。また、身体に病原体を付着させたハエやゴキブリなどが食品などを汚染して感染することもある。予防策としては、水たまりがあると蚊の大量発生を起こすことがあるため、排水溝の掃除の実施や、植木鉢の受け皿の水をこまめに捨てることなどが考えられる。

▶7　予防接種

　感染症の予防にとって、予防接種は非常に重要なものである。子どものみならず、保育所等の保育士・職員も予防接種を受けることが望ましい。子どもの場合、かかりつけ医や嘱託医の指導のもとに、年齢に応じた計画的な接種ができるように保護者に対して情報提供を行ない、周知することが重要である。また、予防接種歴や感染症の罹患歴（りかんれき）の把握が大切となる。その際、保護者への聞き取りでだけでなく、母子健康手帳の記録を確認し、その内容を記録・保管すること、新たにワクチン接種を受けた場合には、記録情報を更新できるような仕組みをつくることも大切である。

　保育実習の学生についても、予防接種を受けることが望ましい。麻疹および風疹の予防接種については、厚生労働省の通知「指定保育士養成施設の保育実習における麻しん及び風しんの予防接種の実施について」（平成27〔2015〕年4月17日付）を参照すると良い。

第**2**節 »»» 保育所等における感染予防と発生時の対応

► 1　保育所における感染症対策のガイドラインについて

　厚生労働省より 2018 年 3 月に、「保育所における感染症対策ガイドライン」が示されている。これは、同年 4 月より施行の「保育所保育指針」を踏まえて検討、および作成されている。

　ガイドラインは、感染症に関する基本事項、感染症の予防、感染症の疑い時・発生時の対応、および感染症対策の実施体制の 4 章で構成されている。全ての保育所職員が子どもの健康を守るための正しい知識をもち、組織的に感染症対策を取り組むことで、子どもの健やかな育ちが保証されることを期待し、作成されている。

　ガイドラインの内容を参考に、感染症の発生もしくは疑わしい場合での対応や、緊急時の連絡体制などを明確にしておくことが大切である。

► 2　感染症の疑いのある子どもへの対応

　保育所等において、感染症の疑いのある子どもへの対応は、個人の体調管理のみならず、周囲の人々への感染拡大を防ぐためにも重要である。保育所等において、感染症の疑いのある子どもの存在に気が付いた場合、他の子どもと接触しないよう、医務室などの別室に移動させて症状の確認を行ない、その内容を記録する。その後、保護者に連絡を取り、状況を正確に伝達することが大切である。

　また、必要に応じて、嘱託医や看護師などに相談して指示を受け、対応することも重要である。

► 3　感染症を発症した子どもへの対応と出席停止期間

　保育所等において、感染症に罹患した子どもの体調が、少しでも早く

回復するように対応することが重要である。適切な休息や医療機関への受診の必要性について、保護者に理解を求めることが必要である。

　また、感染症に罹患した子どもが再登園する際には、子どもの健康状態が保育所等での集団生活に適応できるまでに回復していること、非感染者である他の子どもや施設職員に対して、感染を拡大させる恐れがないことなどの確認が必要である。

　保育所は児童福祉施設であるが、子どもの保健対応は、学校保健安全法に準拠して行なわれている。そのため、学校保健安全法施行規則の出席停止期間の基準を参考に、登園再開の時期について知っておく必要がある（**図表 8-1**）。

　非感染者である子どもや職員などへの感染拡大を防ぐことも、重要である。感染拡大を予防するために、手洗いの徹底、排泄物の適切な処理や施設内の消毒、および、換気などの対応が必要となる。

　また、麻疹や耳下腺炎（じ か せんえん）などの予防接種で予防可能な感染症の場合は、子どもや職員の罹患および予防接種歴を確認し、嘱託医や看護師などに相談して、保護者に適切な予防方法や感染症特有の症状について情報提供することが重要である。

▶ 4　関係機関との連携

　保育所等は、日頃から、感染症の発生および拡大予防のために、嘱託医、看護師、市区町村や保健所などの関係機関と連携し、協力体制をくつることが重要である。また、国や各都道府県がインターネットで公開している感染症の発生動向と予防に関する情報を収集し、感染症の予防および対策に活用することが大切である。

　感染症が発生した場合は、嘱託医や看護師などの指示に従うとともに、必要に応じて、市町村や保健所などに連絡し、感染拡大防止や感染予防についての指示を求めることも重要である。

　保育所等において、感染症が発生した場合の市区町村への報告は、①

図表 8-1　学校保健安全法施行規則で定められている感染症と出席停止期間の基準

	感染症の種類	出席停止期間の基準
第1種	エボラ出血熱、クリミア・コンゴ出血熱、痘そう、南米出血熱、ペスト、マールブルグ病、ラッサ熱、急性灰白髄炎、ジフテリア、重症急性呼吸器症候群（病原体がベータコロナウイルス属ＳＡＲＳコロナウイルスであるものに限る。）、中東呼吸器症候群（病原体がベータコロナウイルス属ＭＥＲＳコロナウイルスであるものに限る。）及び特定鳥インフルエンザ（感染症の予防及び感染症の患者に対する医療に関する法律の第六条第三項第六号に規定する特定鳥インフルエンザをいう。）、感染症法第6条第7項に規定する新型インフルエンザ等感染症、同条第8項に規定する指定感染症、及び同条第9項に規定する新感染症についても、第一種の感染症とみなす。	治癒するまで。
第2種	インフルエンザ（特定鳥インフルエンザを除く。）	発症した後、5日を経過し、かつ解熱した後、2日（ただし、幼児は3日）を経過するまで。
	百日咳	特有の咳が消失する、または5日間の適正な抗菌性物質製剤による治療が終了するまで。
	麻しん	解熱した後、3日を経過するまで。
	流行性耳下腺炎	耳下腺、顎下腺または舌下腺の腫脹が発現した後5日を経過し、かつ、全身状態が良好になるまで。
	風しん	発しんが消失するまで。
	水痘	すべての発しんが痂皮（かさぶた）化するまで。
	咽頭結膜熱	主要症状が消退した後、2日を経過するまで。
	結核、髄膜炎菌性髄膜炎	病状により学校医その他の医師において感染のおそれがないと認めるまで。
第3種	コレラ、細菌性赤痢、腸管出血性大腸菌感染症、腸チフス、パラチフス、流行性角結膜炎、急性出血性結膜炎、その他の感染症	病状により、学校医その他の医師が感染のおそれがないと認めるまで。

出典［学校保健安全法施行規則第18条および第19条］を参照し著者作成

麻疹および風疹患者が1名以上発生した場合、②同一の感染症もしくは食中毒（うたがいも含む）によって死亡者、または重症者が1週間以内に2名以上発生した場合、③同一の感染症、もしくは食中毒（うたがいも含む）が10名以上、または利用者の半数以上発生した場合、施設長が必要と認めた場合などが挙げられている。

演習問題

1. 感染症の発生に関する3要因について、まとめましょう。
2. 子どもが咳エチケットを身に着けられるようにするための説明について考え、まとめましょう。

【引用・参考文献】

厚生労働省「保育関係　5.　保育所保育指針関係　保育所保育指針　平成30年度〜」
　　https://www.mhlw.go.jp/file/06-Seisakujouhou-11900000-Koyoukintoujidoukatei
　　kyoku/0000160000.pdf（2019.9.22最終アクセス）

厚生労働省「保育関係　5.　保育所保育指針関係　保育所における感染症対策ガイドライン」
　　https://www.mhlw.go.jp/file/06-Seisakujouhou-11900000-Koyoukintoujidoukatei
　　kyoku/0000201596.pdf（2019.9.22最終アクセス）

国立感染症研究所「記事　予防接種スケジュール」
　　https://www.niid.go.jp/niid/images/vaccine/schedule/2019/JP20190726_02.png
　　（2019.9.22最終アクセス）

日本看護協会「労働者の感染管理」
　　http://www.nurse.or.jp/nursing/shuroanzen/safety/infection（2019.9.22最終アクセス）

（三宅香織）

第9章

保育における保健的対応

第1節 »»» 乳幼児の健康管理

► 1 子どもの健康状態の把握

　子どもが健やかに育つためには、一人ひとりの子どもの発達状態、健康状態に応じた保健的対応が必要となる。子どもの健康と安全は、保育をする者の責任において守らなければならないが、子どもが成長とともに、自分の健康と安全について関心をもつことができるようにすることも大切である。

　近年の子育て世代の生活状況と意識は、多様化している。女性の就業率の増加などから、保育所等に通う乳幼児が増え、1日の大半を保育所等で生活している状況がある。「健やか親子21（第2次）」（**図表9-1**）は、社会に生きる子どもの健やかな育ちを支援しようという考え方である。保育所等においてもこのような考え方が求められている。

　園児の健康診断では、疾病や異常を把握するとともに、心身の健康状態や変化も把握して、家族との連携をとることも大切である。

①登園時において、子どもの健康状態を観察する。

②保護者から子どもの状態について報告を受ける。

③保育中に発熱や腹痛など身体の異常があった場合は、保護者に連絡をする。場合によっては、嘱託医やその子どものかかりつけ医に適切に連絡をする。

図表 9-1　健やか親子 21（第 2 次）

すべての子どもが健やかに育つ社会

子育て・健康支援

（重点課題①）「育てにくさ」を感じる親に寄り添う支援　（重点課題②）妊娠期からの児童虐待防止対策

相談相手　予防接種　不妊　性　身体活動　歯科　少子化　健康診査　産後うつ　低出生体重児　心の健康　食育　喫煙飲酒　肥満やせ

（基盤課題A）切れ目ない妊産婦・乳幼児への保健対策　（基盤課題B）学童期・思春期から成人期に向けた保健対策

（基盤課題C）子どもの健やかな成長を見守り育む地域づくり

出典［厚生労働省ホームページ］

▶ 2　成長・発達の把握

　子どもの身長、体重、頭囲、胸囲などの定期的な計測は、成長・発達の状態を把握し、健康状態を理解するうえで必要である。身長と体重の評価は、同性同年齢の集団の平均と標準偏差を用いる方法と、パーセンタイル値を用いる方法とがある。乳幼児の基準値は、厚生労働省が 10 年ごとの全国調査「乳幼児身体発育調査」により報告している。

　2010（平成 22）年に行なわれた最新の結果から、身長と体重のパーセンタイル値をもとに作成された乳児身体発育曲線を示す（**図表 9-2、9-3**）。パーセンタイル値とは、全体を 100 として小さい方から数えて何番目に当るかを示す数値であり、50 パーセンタイル値は中央値を示す。年齢ごとの身長や体重の評価においては、身長や体重がそれぞれ 10 パーセンタイル未満や、90 パーセンタイルを超えていると、発育のかたよりがあると評価されて、経過観察が必要となる。さらに、3％パーセンタイル未満と 97 パーセンタイルを超えると、発育に問題があると評価されて、詳細な検査が必要になることもある。

図表9-2　乳児成長曲線（2010年）

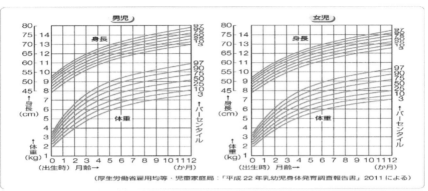

（厚生労働省雇用均等・児童家庭局：「平成22年乳幼児身体発育調査報告書」2011による）

図表9-3　幼児成長曲線（2010年）

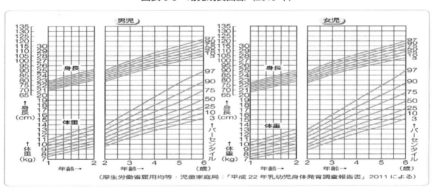

（厚生労働省雇用均等・児童家庭局：「平成22年乳幼児身体発育調査報告書」2011による）

出典（ともに）［厚生労働省ホームページ］

▶ 3　栄養

　乳幼児の授乳・食事は、健全な成長・発達に欠かすことができない。
　個々の子どもの状態に応じて、摂取法や摂取量などを考慮する必要が
ある。最近は、食物アレルギーをもつ乳幼児が増えていることから、食
事の内容について、かかりつけ医や保護者と連絡を密にする必要がある。
万が一、異常が見られた時の対応、処置などをどのようにするかもうち
合せておき、生命に危険が及ばないようにしておく。

► 4　健康診断

　入園に際し、事前に個々の子どもの健康状態や疾病<ruby>しっぺい</ruby>の有無などの情報を得て把握しておく。入園後は嘱託医と連携をとり、定期的な健康診断を実施する。その結果は保護者に伝え、子どもの健康状態を共有する。

► 5　安全な環境

　子どもが健やかに成長するためには、保育所等の環境の安全が重要である。子どもの健康と安全は、保育士の責任において守らなければならない。保育所等は子どもが集団で生活する場であり、健康と安全は、一人ひとりの子どもに加えて、集団の子どもの健康と安全から成り立っている。疾病や傷害への対応も含め、心身の健康と健やかな生活の維持を目指すように配慮する。また、子どもが自分の身体や健康に関心をもち、自分の健康を守ることができるように導くことも、重要である。

第2節 ≫≫ 基本的生活習慣への対応

► 1　基本的生活習慣とは

　基本的生活習慣の確立は、子どもが心身ともに健康に育つための基盤となる。子どもの自主性を尊重しつつ、子どもの成長、発達に応じて教育的に関わることが必要である。

　基本的生活習慣は一般的に、「食事」「睡眠」「排泄<ruby>はいせつ</ruby>」「清潔」「衣服の着脱」を指し、人が健康的に生き、社会の中で生活するための基盤となる。適切な時期に、成長・発達に合わせて身につけるようにし、就学前には、基本的生活習慣が確立していることが望ましい。

図表 9-4　幼児期の食育の 5つの目標

①食と健康：食を通して健康な心と体を育て、自ら健康で安全な生活をつくり出す力を養う。
②食と人間関係：食を通して、他の人々と親しみ支え合うために、自立心を育て、人と関わる力を養う。
③食と文化：食を通して、人々が築き、継承してきた様々な文化を理解し、つくり出す力を養う。
④いのちの育ちと食：食を通して、自らも含めたすべてのいのちを大切にする力を養う。
⑤料理と食：食を通じて、素材に目を向け、素材にかかわり、素材を調理することに関心をもつ力を養う。

（筆者作成）

▶2　食事の習慣

　食習慣は、健康増進や疾病予防など健康に直結している。食習慣の基盤ができる幼児期に、食への関心を高めることが必要である（**図表9-4**）。

　適量をバランスよく、決まったサイクルで食べる習慣が身につかないと、栄養面、身体面および精神面にも不安定な部分が出てくる。

　乳幼児にとっての食事は、①健康の保持・増進と、健全な成長・発達に必要な栄養の摂取として重要である、②幼児の場合、単に栄養摂取を目的にするだけでなく、楽しい食事をすることで望ましい食事行動を獲得する、③健康的な食習慣の基盤を形成する、という意味がある。

　固形食の摂取ができるようになった後、1歳～1歳6か月頃の幼児は手で食べ物をつかんで楽しみながら食べるようになり、スプーンやコップを徐々に使えるようになる。3歳～3歳6か月頃、箸を使いはじめる。3歳6か月～4歳頃には、ほぼ一人で食事ができるようになる。

▶3　睡眠の習慣

　睡眠は、規則正しい時間に寝て起きるリズムを意図的につくるようにすることで、子どもの成長・発達や生活の質を高める。

　乳幼児にとって睡眠は、①成長ホルモンの分泌に伴う身体発育の促進、②睡眠覚醒リズムの確立に伴う社会生活への適応の促進、③最も発達が著しい時期にある脳の機能回復を助け、情緒や知能の発達を促進する。

　年齢が進むにつれて睡眠は夜間に集中し、昼間の覚醒時間が長くなる。1〜2歳では昼寝が1回になり、3〜4歳頃には昼寝をしなくなる。睡眠時間は新生児で15〜20時間、3か月では14時間、1歳で12時間、幼児期には10〜12時間と、年齢が進むにつれて減少する。

　睡眠にはレム睡眠（浅い眠り）とノンレム睡眠（深い眠り）がある。中枢神経の成熟に伴って、睡眠の長さやタイミングが変化するだけでなく、レム睡眠の割合が減少する。新生児のレム睡眠は睡眠の約50％を占めるのに対して、乳児は40％、幼児では20〜25％と減少し、5歳頃には成人とほぼ同じ睡眠パターンとなる。

▶ 3　排泄の習慣

　排泄の自立によって得られる有能感や、排泄の快感がもたらす開放感は、子どもの自尊感情や、生きる意欲を高める。

　排泄は、個人差があるので焦りは禁物である。1〜2歳前後で排泄を知らせるようにしていく。そして、「トイレに行きたい」と言える、トイレでの排泄が自分でできる、トイレットペーパーを使えるようになる、という流れを3〜4歳までにできるとよい。子どもが気持ち良く清潔に過ごせるよう心がけ、プライバシーを保つことが大切である。

　幼児期では、①養育者（社会）の要請に従い、決められた場所や方法で排泄を行なう、②社会的な行動としての排泄行為を身につける、③社会性の獲得としての排泄行動が自立する。

　2歳前後に、いったん自立しはじめたかにみえた排泄行動が後退し、おむつに戻ることがある。妹や弟の出生など環境の変化や、精神的に不安定になってあらわれる現象で、甘えが強くなることもある。トイレットトレーニングは無理に進めず、情緒の安定をはかることを優先する。

　夜間睡眠中におこる無意識排尿を夜尿（おねしょ）という。夜間睡眠中は、抗利尿ホルモンが分泌されるので、幼児期に睡眠パターンが定着すると次第に夜間に生成される尿量が減り、夜尿も減少する。

▶4　清潔の習慣

　清潔を保つためには、子どもに入浴や手洗いやうがいが、快適で気持ち良いということを覚えてもらうことが大切である。歯磨きやうがい、入浴時に身体を洗う、拭くということを段階的に行ない、3歳前後までに習慣づけ、4～5歳で「一人でできる」状態にもっていくことが望ましい。

　清潔観念は教えなければ身につかない。また、清潔の習慣は、①子どもが将来にわたって自分の健康を守る手段を得る、②清潔な環境を整え、清潔が心地良いものである、ということを体感させる。

　幼児期後期には、清潔行動のほとんどが自立しているが、子ども自身が健康の保持・増進のためという目的をもって清潔行動が行なえ、習慣化できるようになることが課題となる。絵本などを使って清潔の目的や意義を伝えたり、子ども自身に考えさせるなどの支援をするとよい。

▶5　衣服の着脱の習慣

　衣服の着脱を一人で行なえるようになるまでには、知的機能に加え、姿勢の保持や手先の微細運動などの発達が必要である。1歳前後までは「やってもらい」、1～2歳では補助を受けながら「着脱しやすい衣類」を自分で扱うようにするなど段階的にできるようになる。

　衣服の着脱は、①1歳くらいから着脱に興味をもちはじめる、②ボタンをはめたりすることは難しいが、子どものやりたい気持ちを受け止め、それぞれの状況に合わせて援助する、③用途に合わせた帽子や上着の着脱や、夏冬の寒暖に合わせた衣類を選べるように教える。

　一般的に脱ぐより着るほうが難しく、上着の前ボタンを掛けられるのは4歳頃、衣服を一人で着られるようになるのは5～6歳頃である。

　幼児の運動量は増大し、衣服の汚れや損耗は激しくなるので、丈夫で吸湿性の高い素材を選ぶ必要がある。また、幼児は自分で衣服を着脱す

ることに興味をもつので、ボタンやスナップなどの形状は扱いやすいも
の、前あきのものが望ましい。屋外で遊ぶ機会も増えるので、帽子や雨
具、防寒服なども必要になる。靴は、適切なサイズで靴底のしっかりし
たものを使用する。

演習問題

　乳幼児の睡眠の特徴で適切でないものは、次のどれでしょうか。

　　Ａ：成長に伴いノンレム睡眠の割合が減少する。

　　Ｂ：年齢が進むにつれ、睡眠は夜間に集中する。

　　Ｃ：成長ホルモンの分泌が促進される。

　　Ｄ：幼児期の睡眠時間は 10 ～ 12 時間である。

【引用・参考文献】

厚生労働省「健やか21（第2次）」報告書

　　http://sukoyaka21.jp/about（2019.8.17最終アクセス）

厚生労働省「楽しく食べる子どもに——保育所における食育に関する指針」

　　http://www.i-kosodate.net/mhlw/i_report/eat_edu/report2/index.html（2019.

　　9.28最終アクセス）

中野綾美編『小児の発達と看護』メデイカ出版、2019年

奈良間美保ほか13名『小児臨床看護学概論・小児臨床看護総論』医学書院、2019年

兵庫県医師会・兵庫県「保育所・幼稚園における健康管理マニュアル」

　　www.hyogo.med.or.jp/inc/uploads/H25-rp03.pdf（2019.8.17最終アクセス）

（中垣紀子）

第10章

3 歳未満児への対応

第1節 »»» 3 歳未満児の保育の留意事項

▶ 1 「養護」の重視

　近年の 0 〜 2 歳児の保育需要の増加と、それに伴う入園者数の増加を受け、「保育所保育指針（平成 29〔2017〕年告示）」（以下、「保育指針」）では、3 歳未満児の内容が特に丁寧に記載されるようになった。この時期の保育は、重要な人生の基盤作りであると同時に、3 歳以上とは違う配慮が必要であることを多く含むものとなっている。

　年齢が小さいほど、子どもの健康において重視すべきは、「保育指針」の総則に記載されている「養護」の内容であろう。そこには、生命の保持と情緒の安定の 2 側面から保育のねらいと内容が示されている。もちろん 3 歳以上の子どもについても「養護」の側面を忘れてはならないのは当然であるが、3 歳未満の場合は生命の保持の内容に十分留意する必要がある。なぜならこの時期は自ら自分を守る力は弱く、養育者に依存しなければ生命を保持できない時期だからである。

　「保育指針」から、3 歳未満児の保育に対する配慮事項を、抜粋した（**図表 10-1**）。ここから読み取れるのは、次のようなことになるだろう。

〈乳児保育に関する留意事項〉

・心身の発達、運動の発達が急激であることを踏まえ、発達段階を見通しながら、個人差、生育歴などを十分考慮して保育を行なう。

・子どもの生理的欲求を満たしながら、子どもと応答的に関わり、情緒

図表10-1　0〜3歳未満児の保育の配慮事項（「保育所保育指針」）

乳児（0歳）		1〜3歳未満	
ア	乳児は疾病への抵抗力が弱く、心身の機能の未熟さに伴う疾病の発生が多いことから、一人一人の発育及び発達状態や健康状態についての適切な判断に基づく保健的対応を行うこと。	ア	特に感染症にかかりやすい時期であるので、体の状態、機嫌、食欲などの日常の状態の観察を十分に行うとともに、適切な判断に基づく保健的な対応を心がけること。
イ	一人一人の子どもの生育歴の違いに留意しつつ、欲求を適切に満たし、特定の保育士が応答的に関わるように努めること。	イ	探索活動が十分できるように、事故防止に努めながら活動しやすい環境を整え、全身を使う遊びなど様々な遊びを取り入れること。
ウ	乳児保育に関わる職員間の連携や嘱託医との連携を図り、第3章に示す事項を踏まえ、適切に対応すること。栄養士及び看護師等が配置されている場合は、その専門性を生かした対応を図ること。	ウ	自我が形成され、子どもが自分の感情や気持ちに気付くようになる重要な時期であることに鑑み、情緒の安定を図りながら、子どもの自発的な活動を尊重するとともに促していくこと。
エ	保護者との信頼関係を築きながら保育を進めるとともに、保護者からの相談に応じ、保護者への支援に努めていくこと。	エ	担当の保育士が替わる場合には、子どものそれまでの経験や発達過程に留意し、職員間で協力して対応すること。
オ	担当の保育士が替わる場合には、子どものそれまでの生育歴や発達過程に留意し、職員間で協力して対応すること。		

出典［厚生労働省、2017］を基に筆者作成

の安定を図る。

・多職種との協働を心がけ、家庭や外部機関と連携をしながら保育を進める。

〈1〜3歳未満児に関する留意事項〉

・運動能力が向上し、活動範囲が広がるため、環境を整え、事故防止を心がける。

・自我が形成される時期であり、探索活動も盛んになるため、保育者が安全基地となり自発的な活動が充分行えるようにする。

▶2　具体的な配慮事項

　3歳未満児の保育を行なう際に、留意すべき点について、特にこの年齢に起きやすいけがや事故に注目して挙げていく。

(1) 転倒・転落に対する留意点

出生後から3歳未満の時期は、とても特徴的な体型をしている。頭が他の部位に比べて大きい「頭でっかち」の体型である。出生時から1歳頃までの子どもは4頭身くらいである。大人の場合、7～8頭身といわれているので、1歳頃の子どもは、大人の2倍の大きさの頭を支えていることになる（**写真**）。写真は2人とも1歳児である。

4頭身の1歳児

（筆者提供）

頭が大きいことに伴う危険は、転倒、転落である。転倒防止には、保育室の環境や遊びの内容に配慮する必要がある。頭が大きいので、転ぶときは頭をぶつけることが多い。そのため、大きなけがにつながるようなものやとがったものなどを排除しておき、安全な環境を整えることを心がけたい。また、転倒以上に大きな事故になりやすいのが転落である。自転車やベビーカーからの転落事故は、地面がアスファルトの場合が多いため、頭部への致命傷になってしまう可能性があるので十分な注意が必要である。

また、ふろ場やベランダ、窓からの転落事故は、非常に危険である。この時期の子どもは危険を察知する能力が育っていないので、興味がわけば身を乗り出して下をのぞき込む。頭部が重いうえに、体を支える手足の力はまだまだ弱い。このような子どもの体型、能力を十分に配慮して保育環境を整えると同時に、常に子どもの動きに気を配っていなければならない。

(2) 誤飲に対する留意

この時期の子どもは、口に物を入れて確かめる行動をする。特に0歳～1歳頃は、手にした物をすぐに口に入れてしまうので、玩具の大きさには注意が必要である。口に入れて誤って飲み込んだ際、気管に詰まる

と窒息の可能性がある。さらに玩具の部品がはずれていたり、壊れていたりすることで、小さいかけらやネジなどが保育室に転がっている、などという危険もある。このようなことが起きないようにするには、毎日の玩具のチェックが重要となる。

さらに戸外でも同様の注意が必要となる。公園は枯葉や石、ゴミ等の危険物が落ちていることも多い。ゆえに戸外では、遊び始める前に危険物が落ちていないかの確認を怠ってはいけない。子どもは興味をもち熱中すると、無言で静かになる。気づいた時にはのどにつまっている、といった危険な状況になっている場合が多い。

保育士は、子どもの安全を守るために、環境と子どもの行動の両面に、つねに配慮しておかなければならないのである。

(3) 誤嚥に対する配慮

誤嚥は、食事中に食べ物をのどにつまらせることである。多くの子どもは生後 6 か月頃から離乳食が始まるが、まだ咀嚼、嚥下の行動が未熟である。子どもの食事の様子に気をつけながら、その子にあった一口の量にしたり、飲み込んだことを確認してから次の食物を口に入れたりするように、ゆっくりと落ち着いて食べさせることを、心がけなければならない。また、この時期の子どもは食事中に眠くなってしまうことも珍しくない。万一、食事中に眠くなってしまった場合は、無理に食べさせようとしたり、口に食物が残ったまま眠らせたりしないように注意が必要である。

(4) 食物アレルギーに対する配慮

何らかの食物アレルギーをもっている子どもの数も、アレルゲンとなる食品の種類も、近年増加傾向にある。給食に関しては、栄養士や調理師だけが対応するわけではなく、当然のことながら食事場面で援助をする保育士も、重要な存在となる。

特に 3 歳未満児は、自分で危険な食品を回避することはできない。そのため、油断していると思いがけない事故が起きてしまう可能性がある。

保育士が目を離しているすきに、隣の子どもの食事に手を伸ばして口に入れてしまったり、食べかすを拾って食べてしまったりする。そのような事故が起きないためには、どのような環境で食事をするのか、食後の清掃をどうするのか、といった具体的な対策を立てる必要がある。

　同時に、食物アレルギーの子どもが、食事場面においてさびしい思いをしないような配慮もしてほしい。保育士は、安全と子どもの気持ちの両面に、配慮が求められるのである。

第2節 »»» 3歳未満児の保育施設での事故

► 1　3歳未満児の重大事故の実態（乳幼児の死亡原因）

　乳幼児の死亡原因は、先天的な病気や障害に次いで、不慮の事故が多い。健康な状態で生まれたにもかかわらず、不慮の事故で命を落とすことはあってはならない。しかし、死亡の原因となる割合は、感染症などの病気より高いのである。改善のためには、事故の状況を把握し、防止策を立てなければならないだろう。

► 2　保育施設での3歳未満児の事故

　保育施設での死亡事故は、2015 ～ 2017 年までに 35 件起きている（内閣府、2018）。年齢別で、最も多いのが 0 歳児の 16 件、次いで 1 歳児が 11 件、6 歳児が 3 件、2 歳児および 4 歳児が各 2 件、3 歳児が 1 件であり、0 歳～ 1 歳児が 8 割を占めている。発生時状況別では、最も多いのが睡眠中の 25 件、次いで室内活動中が 3 件、屋外活動中が 2 件、食事中および水遊び・プール活動中が各 1 件、その他が 3 件となっており、睡眠中の死亡事故が全体の 7 割を占めている。

　睡眠中の 25 件は、すべて 3 歳未満児で、内訳は 0 歳児 15 人、1 歳児

9人、2歳児1人である。また、うつぶせ寝の状態だった事例は11件あった。報告書では、1歳以上でもうつぶせ寝にならないよう注意を促している。最近は午睡時に5分おきに呼吸チェックをし、うつぶせ寝はあおむけに直すよう、注意を払っている保育所が多い。大変な労力であるが、子どもの命を第一に考えなければならないだろう。

▶ 3 入園直後への配慮

　同じ報告書では入園からの事故発生までの日数についても触れている。入園後1週目および2週目が各4件、3週目は0件、4週目は4件で、入園後1か月までの合計は12件である。特に睡眠中の死亡事故25件については、1週目〜2週目までが8件、3〜4週目は3件が発生している。

　入園後1か月以内に、睡眠時の事故の半数近くが発生しており、原因は確定していないものの、入園直後の保育士の配慮が重要であることを示している。3歳未満の時期の保育には、死亡などの重大事故につながる危険が多く存在していることを認識し、特に睡眠時と入園直後には、担当保育士はもちろん、保育施設の職員全体で危険を理解しておく必要があるだろう。家庭と十分な情報交換をし、連携をしながら、子どもへの負担が少しでも軽減するような対応が求められる。

第3節 ≫≫ 保護者への子育て支援

▶ 1 病気の予防・拡大防止

　3歳未満の子どもは、まだまだ抵抗力が弱く、感染症にかかりやすい。入所してしばらくは、保育所で流行する病気に次々に罹ってしまい、たびたび休まなければならないことも多い。保育現場では、このようなことが起きないように、病気の予防に心がけるとともに、発生した場合は

拡大しないように配慮しなければならない。外部からの菌の侵入を防ぐとともに、保育室内の玩具の消毒も、こまめに行なう必要がある。なんでも口に入れ、なめて確かめる年齢なので、子どもがふれる場所や、物の消毒は欠かせない。また、保育士自身も病気に感染しないよう、こまめな手洗い、うがいを心がけるようにすることも大切である。

▶ 2　虐待防止のために

　2017（平成 29）年度の全国児童相談所における児童虐待相談対応件数は、13 万 3778 件（前年度比 1 万 1203 件増）と公表された。これは、過去最多で、統計を取り始めた 1990（平成 2）年度から 27 年連続で増加しているという。

　子どもの健康と安全を願うとき、虐待の予防は避けては通れない問題となっているといえる。特に乳児に対する虐待件数の割合が高く、2016（平成 28）年度の虐待による死亡人数（心中以外）は 49 人で、死亡した子どもの年齢は 0 歳児が 32 人と最も多く高い割合を占めている。そして、その主たる加害者は実母が最も多い 30 人で、全体の 61％である。

　保育士は、このような虐待の傾向が見られる親に対する援助者になれる存在である。子どもだけでなく、親自身を守るためにも適切な対応が求められる。その際には、他機関との連携も重要なポイントとなる。児童相談所、医療機関、保健所等と連絡を密にし、連携して対応することが、子どもの命を守り、健全な発達を保障することになるということを心しておきたい。

演習問題
　乳児、1 歳〜3 歳未満児の保育室の環境を、「安全」の視点から考えてみよう。

88

【引用・参考文献】

猪熊弘子・寺町東子著『子どもがすくすく育つ幼稚園・保育園—教育・環境・安全の見方、付き合い方まで』内外出版社、2018年

厚生労働省「保育所保育指針〔平成29年告示〕」2017年

『最新保育士養成講座』総括編纂委員会編集『子どもの健康と安全』（最新保育士養成講座第7巻）社会福祉法人全国社会福祉協議会、2019年

健やか親子21検討会「健やか親子21検討会報告書—母子保健の2010年までの国民運動計画」（平成12〔2000〕年11月）

https://www.mhlw.go.jp/www1/topics/sukoyaka/tp1117-1_c_18.html

内閣府「教育・保育施設等における重大事故防止策を考える有識者会議 年次報告」（平成30〔2018〕年7月）

https://www8.cao.go.jp/shoushi/shinseido/outline/pdf/houkoku/jiko_houkoku.pdf

（髙橋弥生）

第**11**章

個別的な配慮を要する子どもへの対応
（慢性疾患・アレルギー疾患等）

第**1**節 »»» 慢性疾患をもつ子どもへの対応

► 1 個別対応が不可欠

　医療の進歩に伴い、慢性疾患をもちながらも一般の保育機関に通園する子どもが多くなっている。慢性疾患をもつ子どもは　長期に渡り病気と向き合わなくてはならないが、子どもが自分で、療養行動を実施することや異変を的確に訴えることは困難である。また、障害の内容は個別性が高く、同じ診断名であっても、自覚症状、治療、経過などが異なるため、個別の対応が不可欠となる。

　保育士は、子どもが定期服薬中の場合には、その薬剤の効能および副作用について理解しなければならない。また、非常時に備えた予備薬等の預かりについての検討を行ない、協力医療機関との密接な連携を確立しておくなどの保育を計画することが重要である。

► 2 てんかん（癲癇）

（1）疾患の概要と治療

　人は、大脳の神経細胞の電気活動によって体を動かし、また、様々なことを感じるが、この電気活動が一時的に過剰になることによって起きる発作（ほっさ）をいう。次のようなものがある。

①強直間代発作（きょうちょくかんたい）（四肢を突っ張り意識を失って倒れる強直相に引き続き、
　　全身をガクガクとけいれんさせる間代相が現れる）

②欠神発作（数秒から数十秒、一時的に意識がなくなる）

③ミオクロニー発作（体を一瞬ビクっとさせる）

④点頭発作（全身の筋肉が緊張し、頭部を前屈させる、両手を振り上げる、両脚が屈曲する）

80％の人は適切な薬物治療によって発作が抑えられるが、服薬が不規則になると発作を起こしやすくなるので、規則正しく長期に薬を飲み続けなければならない。糖・炭水化物を減らし、脂肪を増やした食事療法も、一部の発作に対しては有効である。

(2) 発作時の対応

危険なものを遠ざけて、衣服の襟などをゆるめる。吐きそうになったら顔を横に向けるなどして、吐物がのどにつまらないようにする。

通常、こうしたてんかんの発作は数分以内ならば、救急の医療措置を必要としない。だが、発作を繰り返したり、15分以上意識がはっきりしない場合は、救急車を呼ぶ。

▶ 3　Ⅰ型糖尿病

(1) 疾患の概要と治療

膵臓のβ細胞が破壊されて、血液中のブドウ糖を細胞へ届ける働きをするインスリンというホルモンが産生されなくなり、血液中のブドウ糖濃度（血糖値）が高い状態が慢性的に続く。過剰なブドウ糖は、様々な組織を傷つけるので尿が出にくくなったり、感染症に罹りやすくなる。

注射によって、インスリンを補う治療が必要である。①注射器を用いて自分でインスリン注射を行なう方法と、②腹部に小型のポンプを取り付けて、皮下に留置した針とチューブからインスリンを持続的に注入する持続インスリン注入法とがある。

食事制限は特に必要ないが、体を動かすことによってインスリンが効きやすくなるので、適度な運動は重要である。

図表 11-1　低血糖時の症状と対応

程度	症状	対応
軽度 血糖値 70 以下	空腹感、いらいら、頭痛、腹痛、あくび、不機嫌	スティックシュガー、牛乳、ジュースを飲むなど
中等度 血糖値 60 以下	黙り込む、冷や汗、蒼白 手がふるえる 吐き気	スティックシュガー さらに、多糖類を 40 ～ 80Kcal 食べる（ビスケットやクッキーなら 2 ～ 3 枚、食パン 1/2 枚、小おにぎり 1 つなど） ＊上記補食後、保健室で休養し、経過観察
高度 血糖値 40 以下	意識障害、けいれん 昏睡、異常行動	救急車を呼ぶ。救急車を待つ間、砂糖などを口内の頬粘膜になすりつける

（筆者作成）

(2) 低血糖時の対応

通常より多い運動、食事量の不足、食事時間の遅れ、インスリンの過剰注射などで血糖値が下がりすぎてしまうことがある。意識レベルの低下が起きた際には、早めの対応が必要である（**図表 11-1**）。

第2節»» アレルギー疾患をもつ子どもへの対応

▶1　アレルギー疾患とは

人体には、細菌・ウィルスなどの病原体や異物から、体を守るための免疫システムが備わっている。免疫システムの働きが異常を起こし、無害なものにまで過剰な免疫反応を起こしてしまう病気を、アレルギー疾患という。幼児は複数のアレルギー疾患を合併していることが多い。

特に、遺伝的にアレルギーになりやすい素質のある子どもが、乳幼児期のアトピー性皮膚炎を始めとして、次々にアレルギー疾患を発症する（アレルギーマーチ）。乳幼児期の湿疹からアトピー性皮膚炎の早期発見、

早期治療に結びつけ、アレルギーマーチを食い止めることが重要である。

▶2　食物アレルギーの概要と対応

(1) 疾患の概要

　特定の食物を摂取した後に、アレルギー反応を介して蕁麻疹、湿疹、嘔吐、下痢、咳、ゼーゼーという呼吸音（喘鳴）などの症状を引き起こす。原因食物（アレルゲン）は、幼児期では鶏卵、牛乳、小麦に多い。

(2) 対応

　安全を確保しながら必要な栄養を摂取して豊かな食生活を保つことが基本なので、適切なアレルゲンの診断を受け、最小限の除去を正確に行なうことが望ましい。

▶3　アナフィラキシーの概要と対応

(1) 疾患の概要

　アレルギー反応により、皮膚症状、消化器症状、呼吸器症状が、複数同時に、かつ急激に出現する状態を指す。いったん治まったように見えても、数時間後に再び症状が出てくる可能性（二相性反応）もあるため、注意が必要である。特に、血圧が低下し意識レベルの低下や脱力を来した状態を、「アナフィラキシーショック」と呼び、直ちに対応しないと生命に関わる重篤な状態である。乳幼児期に起こるアナフィラキシーは、食物アレルギーに起因するものが多い。

(2) 対応

　症状が短時間で進行して重篤な状態に陥り、命の危険を伴う可能性があるので、至急救急車を呼ぶ。アドレナリンの自己注射製剤を処方されている場合はすぐに使用する。

▶ 4　気管支喘息の概要と対応

（1）疾患の概要

　チリダニや動物の毛などのアレルゲンに対するアレルギー反応によっ
て、気道での炎症が生じて気道が狭くなり、発作的に喘鳴を伴う呼吸困
難を繰り返す。喘息発作がないときでも、慢性の気道炎症が起きている
ので、炎症を抑える薬を定期的に服用しなければならない。

（2）対応

　予防には アレルゲンを減らすための環境整備が重要であるため室内
清掃、寝具の使用に関して留意する必要がある。保護者との連携により、
治療状況を把握し、運動等の保育所生活について事前に相談する。小発
作であれば、安静にして、水分補給をしながら、医師から指導されてい
る薬を使う。爪や 唇 の色が白っぽくて良くない、息を吸うときに胸が
ぺこぺこへこむ、話したり歩いたりができない、ひどく興奮するなどの
症状は危険なサインなので、救急車を呼ぶ。

▶ 5　アトピー性皮膚炎の概要と対応

（1）疾患の概要

　乳幼児では、顔、首、肘の内側、膝の裏側などの皮膚に、かゆい湿疹
が繰り返し起こる。かゆいためにかき壊しが続くと、発疹が拡大し、ひ
どくなる。アレルゲンがあるから必ず発症するわけではなく、皮膚のバ
リア機構が不十分な人に発症する。悪化因子は、ダニやホコリ、食物、
動物の毛、汗、シャンプーや洗剤、プールの塩素、生活リズムの乱れや、
細菌による感染症など様々である。

（2）対応

　爪を短く切り、手袋をはめたり患部を包帯で保護して、ひっかき傷を
つくらないようにする。1日2〜3回の入浴・シャワーで汗や汚れは速
やかに洗い落とし、細菌の繁殖を防ぐ。室内の環境整備だけでなく、外

遊び、プール時に対応が必要となることがあるので、保護者に確認する。

▶6 アレルギー性結膜炎の概要と対応

(1) 疾患の概要

目の粘膜にアレルギー反応による炎症が起こり、目のかゆみ、なみだ目、異物感、目やになどの症状を起こす。アレルゲンは、ハウスダストやダニ、動物の毛に加え、季節性に症状を起こすスギ、カモガヤ、ブタクサなどの花粉がある。

(2) 対応

プールの消毒に用いる塩素は、角結膜炎（かくけつまくえん）の悪化要因となるため、症状の程度に応じて配慮が必要である。通年性とは別に季節性の花粉症では、花粉飛散の時期で特に風の強い晴れた日には、花粉の飛散量が増えることに留意する。

▶7 アレルギー性鼻炎の概要と対応

鼻の粘膜にアレルギー反応による炎症が起こり、突然鼻水、くしゃみ、鼻づまりを繰り返す。アレルゲンは、アレルギー性結膜炎とほぼ同じである。花粉症では、原因花粉の飛散時期の屋外活動によって、症状が悪化することがあるので注意する。

第3節 »»» 医務室の備え

▶1 症状悪化時に用いる薬品

救急用を含めた薬品の厳重な管理とともに、保育所の全職員がその適切な使用法を習熟しておく必要がある。

（1）抗ヒスタミン薬（抗アレルギー薬）

アレルギー反応によるじんましんや痒み、鼻水を抑える。効果出現までに 30 分〜 1 時間かかる。

（2）ステロイド薬

アナフィラキシー症状が遅れて出てくる二相性反応を予防する（第 2 節-2 参照）。ただし、効果出現までに数時間かかるため、アナフィラキシーショックなどの緊急を要する場合は、効果が期待できない。

（3）アドレナリン自己注射について

アナフィラキシー症状を抑える薬に、アドレナリン筋肉注射剤（エピペン®）がある。

「保育所におけるアレルギー対応ガイドライン」（厚生労働省、2019）では、以下のように記されている。

保育所における「エピペン®」の使用について

　保育所において、子どもにアナフィラキシー等の重篤な反応が起きた場合には、速やかに医療機関に救急搬送することが基本となります。しかし、保育所において、乳幼児がアナフィラキシーショックに陥り生命が危険な状態にある場合には、居合わせた保育所の職員が、本ガイドラインにおいて示している内容（事前の備えを含む）に即して、「エピペン®」を（自ら注射できない）子ども本人に代わって使用（注射）しても構いません。ただし、「エピペン®」を使用した後は、速やかに救急搬送し、医療機関を受診する必要があります。

　なお、こうした形で保育所の職員が「エピペン®」を使用（注射）する行為は、緊急やむを得ない措置として行われるものであり、医師法第 17 条※違反とはなりません。

（※医師法第 17 条「医師でなければ、医業をなしてはならない」）

▶ 2　定期的に用いる薬品と保管

保管する薬品は、医師の指示に基づいた薬に限定する。また、保護者に医師名、薬の種類、内服方法等を具体的に記載した与薬依頼票を持参してもらう。

与薬に当たっては、複数の保育士等で、重複与薬、人違い、与薬量の誤認、与薬忘れ等がないよう確認する。

　他の子どもが誤って内服することのないように、必ず施錠^{せじょう}のできる場所に保管する。

【引用・参考文献】

加藤忠明「保育所における子どもの成長発達とヘルスケア」『小児科臨床』2005年、58(4)、pp501-507

北川節子「文献を通してみる保育所、幼保連携型認定こども園、幼稚園における保健活動の現状と課題」『金沢星稜大学 人間科学研究』第11巻第1号、2017年、pp1-7

厚生労働省「保育所におけるアレルギー対応ガイドライン」(2019年改訂版)
https://www.mhlw.go.jp/content/000511242.pdf

平賀健太郎「病弱の子どもに対する支援」大沼直樹・吉利宗久共編著『特別支援教育の理論と方法』培風館、2005年pp129-141.

文部科学省(2003)今後の特別支援教育の在り方について(最終報告).特別支援教育の在り方に関する調査協力者会議。保育所におけるアレルギー対応ガイドライン(厚生労働省)(2019年改訂版) https://www.mhlw.go.jp/content/11907000/000476878.pdf

（金井玉奈）

第12章
障害のある子どもの対応

第1節 »» 障害の定義とノーマライゼーション

　障害とは何か。世界保健機構（WHO）の「国際障害分類」が参考になる。これは、1980年に発行されたもので、ICIDH（International Classification of Impairments, Disabilities and Handicaps）とよばれている。障害を「機能・形態障害」、「能力障害」、「社会的不利」の3つのレベルでとらえ、疾患・変調が原因となって機能・形態障害が起こり、それから能力障害が生じ、それが社会的不利を起こすという一方通行の矢印で示したものであった。

　その後、WHOは、生活機能というプラス面からみるように視点を転換し、「国際生活機能分類」を採択した（正式名称は「ICF（International Classification of Functioning, Disability and Health）」）。これは、ICIDHの機能・形態障害でなく「心身機能・構造」、能力障害ではなく「活動」、社会的不利ではなく「参加」となり、これらが制約された状態が、「機能・構造障害」「活動制限」「参加制約」であり、さらに環境因子と個人因子を「背景因子」とし、生活機能と障害に影響する因子として導入した。

　この結果、「障害」とは全ての因子それぞれが影響し合う、相互作用の関係になった。つまりICFは、「障害」とは障害者に限らず、環境と接する場合に生じる全ての人に当てはまるものであることを示しているのである。

　次に「障害者」という概念について国際的にみると、1975年に国際連合で決議された「障害者の権利宣言」がある。ここでは次のように示

されている。

> 「『障害者』という用語は、先天的か否かにかかわらず、身体的または精神的能力の不全のために、通常の個人または社会生活に必要なことを確保することが、自分自身では完全にまたは部分的にできない人のことを意味する」

　つまり、障害になった原因や理由、時期等は関係なく、日常生活において支障・制約を受ける人のことを指すのである。

　一方、日本の障害者に関する定義は、「身体障害、知的障害、精神障害（発達障害を含む。）その他の心身の機能の障害（以下「障害」と総称する。）がある者であつて、障害及び社会的障壁により継続的に日常生活又は社会生活に相当な制限を受ける状態にあるもの」（「障害者基本法」第2条〔2013年改訂〕）となっている。

　また、児童福祉法では、次のように定めている。

> 　障害児とは、身体に障害のある児童、知的障害のある児童、精神に障害のある児童（発達障害者支援法に規定する発達障害児を含む。）又は治療方法が確立していない疾病その他の特殊の疾病であって障害者の日常生活及び社会生活を総合的に支援するための法律（障害者総合支援法）第4条第1項の政令で定めるものによる障害の程度が同項の厚生労働大臣が定める程度である児童をいう。

　次は、「ノーマライゼーション」とは何かについて述べる。

　これは、1950年代、バンク・ミケルセン（デンマーク）らが関わっていた、知的障害者の家族会の施設改善運動から生まれた理念とされている。旧来の大規模入所型施設中心の福祉サービスは、人間性の阻害や一般社会からの隔絶を招き、障害者の差別・排除の構造を再生産し続けていた。その反省から、自宅やグループホームで「できるだけノーマルに近い生活を提供すること」を保障する社会の価値、物理的構造、サービスを整備していく理念として生まれた。自立生活運動、QOL（Quality of life、「生活の質」）の概念、当事者主体の理念、在宅サービスなども、ノーマライゼーションの思想が根底にある。

第2節 »»» 主な障害

主な障害について、文部科学省のホームページを基に図示する。

図表 12-1　主な障害と内容の表

主な障害	内　　　容
①視覚障害	・大きく分けると、「弱視」と「盲」。 ・全く目が見えないわけではないが、メガネやコンタクトで視力を矯正することができず、見えにくい困難を抱えている場合を「弱視」とする。 ・法律上で視覚障害が視力と視野の観点から定義されているために、視覚的な困難があっても障害者手帳を取得することのできない色覚障害（視力や視野には問題がないが、特定の色の区別が苦手な症状。他にも、特定の色が別の色に見えることもあり）と光覚障害（明るさを区別することが苦手な症状のため、暗い所から明るい所に移動したときに適応するまでにかかる時間が長くなる）。 ・原因は先天的な場合と、後天的な場合がある。後天性の場合は、緑内障や糖尿病網膜症などの疾患が主な要因。
②聴覚障害	・音の情報を脳に送るための部位のいずれかに障害があるために、音が全く聞こえない、あるいは聞こえにくい状態のこと。 ・全く音が聞こえない状態を全聾（ぜんろう）、音が聞こえにくい状態を難聴という。 ・後天性のものと先天性のものがある。 ・先天的に難聴のある子どもは、毎年 1000 人に 1 人の割合で生まれる。 ・新生児の段階で聴覚に問題がないかどうか調べるためのスクリーニング検査を受けることが推奨される。 ・子どもの難聴が中軽度の場合には、重度の場合に比べてその発見が遅れる傾向にある。 ・コミュニケーションや言語発達の面に遅れが生じる傾向にあるために、聴覚に問題が見つかったときには、できるだけ早く治療を行うことが大切。 ・聞こえを改善する訓練や治療、視覚的な手段を使ったコミュニケーションの方法を取り入れることが多い。 ・遺伝子の問題等で引き起こされるが、遺伝的な要因の場合には、外耳やその他の器官の奇形など難聴以外の障害が同時に出現することが多い。 ・遺伝以外の要因には、妊娠中にかかった疾患（サイトメガロウイルス感染、トキソプラズマ、ヘルペス感染、梅毒）や早産や出生後の頭部外傷、幼小児期の感染症（髄膜炎、麻疹、水痘、風疹）があると言われている。
③知的障害	・発達期までに生じた知的機能障害により、認知能力の発達が全般的に遅れた水準にとどまっている状態を指す。 ・知的障害は精神遅滞とも表される、知的発達の障害。 ・知的機能や適応機能に基づいて判断され、知能指数により分類。 ・様々な中枢神経系疾患が原因となるため、正しい診断を受けて、早期に治療・療育・教育を行う必要がある。 ・「1. 全般的な知的機能が同年齢の子どもと比べて明らかに遅滞し」「2. 適応機能の明らかな制限が」「3. 18 歳未満に生じる」と定義される。知的障害は「知的機能（IQ）」の数値のみによって診断がくだされるという印象があるが、「適応機能」という日常生活能力、社会生活能力、社会的適応性などの能力を測る指数とも合わせて診断する。

	・一般的に知的障害は「知的機能」と「適応機能」の評価で「軽度」「中度」「重度」「最重度」の4つの等級に分類。 ・軽度：おおむねIQが50~70の知的障害を指す。食事や衣服着脱、排せつなどの日常生活スキルには支障ないが、言語の発達がゆっくりで、18歳以上でも小学生レベルの学力にとどまることが多い。 《特徴》 ・清潔、服の着脱を含めた基本的な生活習慣が確立している ・簡単な文章での意思表示や理解が可能 ・漢字の習得が困難 ・集団参加や友達との交流は可能 ・中度：おおむねIQが35~50の知的障害を指す。 ・言語発達や運動能力の遅れがあり、身辺自立は部分的にはできるが、全ては困難。 《特徴》 ・指示があれば衣服の着脱はできるが、場合に合わせた選択・調整が困難 ・入浴時、自分で身体を洗えるが、プライベートゾーンなど洗い残しがある ・お釣りの計算が苦手 ・新しい場所での移動・交通機関の利用は困難 ・ひらがなでの読み書きはある程度可能 ・重度：おおむねIQが20~35の知的障害を指す。言語・運動機能の発達が遅く、学習面ではひらがなの読み書き程度に留まる。情緒の発達が未熟で、身の回りのことを一人で行うことは難しいので、衣食住には保護や介助が必要。 《特徴》 ・着替え、入浴、食事などの生活に指示や手助けが必要 ・簡単な挨拶や受け答え以外のコミュニケーションが苦手 ・体の汚れや服の乱れをあまり気にしない ・一人での移動が困難 　最重度知的障害：おおむねIQが20以下の知的障害を指す。言葉が発達することはなく、叫び声を出す程度にとどまることがほとんど。身の回りの処理は全くできず、親を区別して認識することが難しい場合もある。 《特徴》 ・衣服の着脱ができない ・便意を伝えられない ・言葉がない。身振りや簡単な単語で意思表示をしようとすることもある ・食事に見守りや介助が必要
④肢体不自由	・四肢（上肢・下肢）、体幹（腹筋、背筋、胸筋、足の筋肉を含む胴体の部分）が病気や怪我で損なわれ、長期にわたり歩行や筆記などの日常生活動作に困難がともなう状態。 ・原因としては、先天性のもの、事故による手足の損傷、あるいは脳や脊髄等の神経に損傷を受けてなるもの、関節等の変形からなるものなど。 ・障害の部位や程度によってかなり個人差があり、障害の程度も、日常生活動作にさほど困難を感じさせない程度から、立ったり歩いたりなどの動作に支障があるため杖や車いすや義足などを必要とする程度、日常動作の多くに介助を要する程度など様々。
⑤病弱・身体虚弱	・病弱とは、病気にかかっているため、体が弱っている状態を指す。 ・学校教育の立場からは、その病気を慢性のものに限定。 ・たとえ病気が重症でも、急性で間もなく回復する見込みのあるものは、ここでいう病弱に含まない。したがって、病弱の児童生徒とは、病気が長期にわたると見込まれ、その間、医療や生活規制を必要とする程度を指す。 ・身体虚弱とは、これといった病気はないものの、さまざまな原因により身体

	機能や病気に対する抵抗力が低下したり、これらの現象を起こしやすかったりする状態。 ・身体虚弱の児童生徒は、健康状態を改善したり、体力を高めたりするため、長期の生活規制が必要となる。 　※生活規制とは・・・健康状態の回復・改善等を図るため、身体活動や食事などについて様々な配慮（制限など）をすることをいう。
⑥言語障害	・教育分野では、困りごとが生じる原因自体を解決したい課題とするわけではないため、広い意味で「言語障害」をとらえるのが一般的。文科省によれば、「言語障害」を次のように扱っている。「言語障害とは、発音が不明瞭であったり、話し言葉のリズムがスムーズでなかったりするため、話し言葉によるコミュニケーションが円滑に進まない状況であること、また、そのため本人が引け目を感じるなど社会生活上不都合な状態であることをいいます」（出典：文科省ホームページ　http://www.mext.go.jp/a_menu/shotou/tokubetu/004/006.htm） ・子どもの場合、ことばの発達の遅れや発音に異常がある場合を、ことばの理解が悪くて話せない場合と、ことばの理解はできるが話せない場合とがある。一方、言語障害が生じる時期でみると、はじめからことばが発達してこない場合と、ことばはいったん発達したものの、脳の病気や損傷によって話せなくなる場合がある。 ・原因は、難聴・精神遅滞・情緒発達の遅れと情緒障害・体験不足・運動性発語発達遅滞（うんどうせいはつごはったつちたい）・小児失語症などがある。
⑦情緒障害（自閉症を除く）	・状況に合わない感情・気分が持続し、不適切な行動が引き起こされ、それらを自分の意思ではコントロールできないことが継続し、学校生活や社会生活に適応できなくなる状態。家庭,学校,近隣等での人間関係のゆがみによって,感情生活に支障をきたし,社会適応が困難になる状態も指す。 《情緒障害の教育的定義に当てはまる症状》 ・選択性緘黙（かんもく）・集団行動や社会的行動をしない・引きこもり・不登校・指しゃぶりや爪かみなどの癖 ・常同行動・離席・反社会的行動・性的逸脱行動・自傷行為・チック
⑧発達障害	・発達障害は、脳機能の発達が関係する障害。 ・コミュニケーションや対人関係をつくるのが苦手で、その行動や態度は「自分勝手」とか「変わった人」「困った人」と誤解され、敬遠されることも少なくない。 ・親のしつけや教育の問題ではなく、脳機能の障害によるもの。 例として、自閉症、アスペルガー症候群その他の広汎性発達障害、学習障害、注意欠陥多動性障害などがある（**図表12-2参照**）。 ・発達障害は、複数の障害が重なって現われることもあり、障害の程度や年齢（発達段階）、生活環境などによっても症状は違う多様である。
⑨重複障害	上記のものを2つ以上併せ持つものを指す。

（筆者作成）

第3節 »»» 医療的ケアが必要な子どもへの対応

　現在、身体に気管切開部がある子どもや、人工呼吸器を装着している子どもなど、日常生活を送る上で医療的なケアを必要とする子どもが増

図表 12-2　発達障害の特性

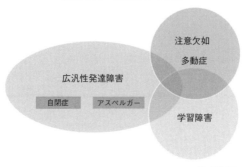

（筆者作成）

加している。新生児集中治療室への長期入院児等の推移では、2010 年以降年間発生数が増加傾向にある。また、特別支援学校等における医療的ケア児も増加傾向である。

　援助技術として、吸引や経管栄養の支援が多くある。援助技術の中でも「吸引」が多く保育現場で用いられているため、詳しく述べていきたい。

《吸引の援助（口・鼻）》

　吸引の目的は、口腔内や軌道内などの分泌物や貯留物を体外に排出させ、気道を確保することで、窒息や誤嚥を回避し、合併症を予防すること、また、清潔の保持である。

　子どもは口腔内の広さに対して舌が大きく、鼻孔が狭いため、鼻閉が起きやすい。したがって、自ずと呼吸困難が生じやすい。

図表 12-3　必要物品の写真

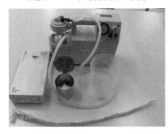

（筆者撮影）

①必要物品

　（1）適切なサイズの吸引カテーテル

　（2）吸引器

　（3）吸引用接続チューブ

　（4）水を入れる容器

　（5）使い捨て手袋

　（6）カットした綿花（滅菌水に浸したもの）

②手順

図表 12-4 で手順を示した。注意点は下記の通りである。

図表 12-4　吸引の手順

喀痰吸引（口腔内・鼻腔内吸引）

実施手順		実　技　項　目
準備	1	医師の指示書等の確認を行う
	2	手洗いを行う
	3	必要物品をそろえ、作動状況等を点検確認する
	4	必要物品を利用者のもとに運ぶ
実施	5	利用者に吸引の説明をする
	6	吸引の環境・利用者の姿勢を整える
	7	口腔内・鼻腔内を観察する
	8	手袋の着用または攝子を持つ
	9	吸引チューブを清潔に取り出す
	10	吸引チューブを清潔に吸引器と連結管で連結する
	11	（浸漬法の場合）吸引チューブ外側を清浄綿等で拭く
	12	吸引器の電源を入れて水を吸い、決められた吸引圧になることを確認する
	13	吸引チューブの先端の水をよく切る
	14	利用者に吸引開始について声かけを行う
	15	適切な吸引圧で適切な深さまで吸引チューブを挿入する
	16	適切な吸引時間で分泌物等の貯留物を吸引する
	17	吸引チューブを静かに抜く
	18	吸引チューブの外側を清浄綿等で拭く
	19	洗浄水を吸引し、吸引チューブ内側の汚れを落とす
	20	吸引器の電源を切る
	21	吸引チューブを連結管からはずし保存容器に戻す
	22	手袋をはずす、または攝子を戻す
	23	利用者に吸引終了の声掛けを行い、姿勢を整える
	24	吸引物および利用者の状態を観察する
	25	利用者の吸引前の状態と吸引後の状態変化を観察する
	26	吸引後に経管栄養チューブが口腔内に出てきていないかを観察する
	27	手洗いをする
報告	28	吸引物および利用者の状態を報告する
	29	吸引後に経鼻経管栄養チューブが口腔内にできていないことを報告する
	30	ヒヤリハット・アクシデントの報告をする（該当する場合のみ）

後片付け	31	吸引瓶の廃液量が 70 ～ 80％になる前に廃液を捨てる
	32	使用物品を速やかに後片付けまたは交換する
記録	33	実施記録を記載する

（筆者作成）

《注意点》

(1) 吸引圧・吸引カテーテルのサイズは、年齢により異なる。

(2) 1回の吸引時間は 3 ～ 8 秒以内とする。

(3) カテーテル挿入の長さは、咽頭の嚥下反射が起こらない長さを目安に実施する。

(4) 吸引する際は声をかけ不安を取り除く。

(5) 説明の理解が十分でなく、処置に協力が得られない場合は安全な行為を行うため顔を動かさないように家族と協力して抑える。

【参考文献】

高内正子編著『心とからだを育む子どもの保健Ｉ』保育出版社、2018年

谷川友美「医療的ケアに関する知識・技術の教育方法の考察 ── Moodle 活用の試みから」『日本介護福祉学会大会発表報告要旨集』2016年度、p105

谷川友美「学生の思考に関する内的動機づけについて ── 医療的ケアの演習前と後の調査から」『別府大学短期大学部紀要』第37号、2018年、pp.51-57

厚生労働省「医療的ケア児について」

　　https://www.mhlw.go.jp/file/06-Seisakujouhou-12200000-Shakaiengokyokushoug
　　aihokenfukushibu/0000118079.pdf

厚生労働省「障がい」・障がい者（児）の定義等について

　　http://www.city.yonago.lg.jp/secure/27914/03_shiryo5.pdf

文部科学省

　　http://www.mext.go.jp/b_menu/shingi/chukyo/chukyo8/gijiroku/020901hg.htm

（谷川友美）

第13章

職員間の連携・協働と組織的取り組み

第1節 »»» 家庭との連携

► 1 連続する家庭と保育施設の生活

　乳幼児の一日の生活は、家庭での朝の目覚め、家族との食事、登園準備へと展開する。

　そして保育施設では、遊びを中心とした活動を楽しむ日中の生活が進む。夕刻には家庭へ帰って家族との生活になり、夕食、団欒、入浴、睡眠で一日を終える。このように、家庭→保育施設→家庭→保育施設と、連続している。

　つまり家庭での生活が、保育施設での子どもの健康や安全に影響を及ぼし、また、保育施設での出来事が家庭生活に影響を及ぼすこともあり、相互に深く関わっているのである。

　近年、核家族化やひとり親家庭の増加、男女共同参画社会の進展によって、母親も仕事をすることが多くなっている。また、少子化や遊び場の安全性の問題で保育へのニーズが高まっている中、2019年10月からは幼児教育の無償化が始まっている。

　延長保育や預かり保育の希望者も多いことから、保育施設で長時間生活する子どもが、さらに増えていくと考えられる。家庭生活の時間が短くなるにつれ、保育士は、家庭との情報を共有して連携を図っていくことが必要となる。

(1) 基本情報の共有

保育施設が、預かっている子どもの家庭内の情報を提供してもらうのは、子どもの健康と安全を守るためである。しかし、家族構成や保護者の職業や年齢、子どもの疾病など、多くの事項が個人情報にあたるので、書類の管理はもとより、職員間の会話にも留意しなければならない。

入所（園）時には「家庭調査票」（「児童票」）で家庭の様子と子どもの育ちを共有する。保育所では乳児期から受け入れるので、内容は多岐にわたる。自治体や保育施設が内容や形式を決めて作成している。

健康と安全に関わる内容としては、急病時の対応、災害時の対応がある。どのような時に保護者へ連絡をとるか、登園停止となる感染症にはどんな病気があるか、地震や風水害など災害時の子どもの引き渡しをどのように行なうかなどの確認が必要である。

(2) 日々の連携を深めるには

保護者は、日々の保育の様子（遊び、食事、言葉、友だち関係など）につ

図表13-1　家庭調査票の内容例

児　童	・氏名、生年月日、性別、現住所
家庭環境	・家族の氏名、続柄、職業、生年月日
成育歴	・出産状況（分娩、身長、体重、頭囲等）
	・発育状況（首のすわり、寝返り、歩行、断乳等の月齢）
	・健診状況（受診・否、1か月健診〜3歳児健診まで8回分）
アレルギー	・あり・なし（もしあれば別紙「健康調査票」に詳述する）
緊急連絡先	・勤務先、携帯番号、優先順位、施設までの時間等
その他	・保育歴、自宅付近の地図、要望等

（筆者作成）

いて関心が高くなっている。保護者と保育士が日々の連携を図ることは、保育や保育士への信頼を高めるために大切なことである。

①連絡帳：もっとも一般的な連携の方法である。保育所や認定こども園で乳児を預かる場合には、家庭での食事、睡眠時間、排便、検温、きげんなど詳しく記入するようになっている。自分のことを直接伝えられない乳児を保育するには貴重な情報となる。

時には、子どもについての心配事や家族と子どもの関わりについての悩み、健康上の問題などが連絡帳で知らされることもある。内

図表13-2　連絡帳の例

月　　日　　曜日　天気

	家庭から		保育園(所)から	
食事	時刻(時 分)	主食(またはミルク)、副食、その他	時刻(時 分)	主食(またはミルク)、副食、その他
	前夜			
	今朝			
睡眠	就寝(時 分)　：　〜　起床(時 分)　：		午睡(時 分)　：　〜　： ：　〜　：	
きげん	良・普・悪		良・普・悪	
排便	水・軟・普・堅　回		水・軟・普・堅　回	
入浴	有・無	検温 (時 分)　：　℃	沐浴　有・無	検温 (時 分)　：　℃
連絡事項				
お迎え	(　　) (時 分)　：		記入者	

出典［玉川保育園］

容によって一保育士としてすぐに返信ができない場合、まずは内容を承知したことを伝え、その後、他の職員に報告・連絡・相談をして、適切な返信を行うようにする。

②保護者との対話：登園や降園の時間は、保護者と情報を共有するだけでなく、共感し合う良い機会である。

　登園時は、保育士も保護者もあわただしく手短に話すことが多いが、保護者からは帰宅後の様子（遊び、食欲など）と朝の様子（睡眠・食欲・機嫌<ruby>機嫌<rt>きげん</rt></ruby>など）を聞き取る。「少し熱っぽい」「いつもより食欲がなかった」という話があれば、その日一日を通して体調の変化に細やかな注意を払う必要がある。降園時は、当日の保育中に気づいたこと（よかったこと、がんばっていたことなどを中心にする）や体調などを保護者に伝える。

　短い時間の対話だからこそ、保護者と保育士の信頼関係が大切になる。信頼関係なくしては、どんな言葉も保護者には受け入れられない。日々の挨拶<ruby>挨拶<rt>あいさつ</rt></ruby>と笑顔、丁寧な話し方で関係を深めることが大事になる。

　ゆっくりと話す機会は、個人面談である。子どもの発達や友だち関係、健康面などを話題にする。保育士は、良い聞き手として話しやすい雰囲気を作り、保護者の考え方や思いを受け止める。保護者の育て方を責めるような言い方は慎み、一緒に解決していく方向を確認し、共有する。

③園だより・ホームページ：園だよりは定期的に配布し、施設長（所長・園長）の考え方を伝え、保護者との連携・協働が持続するようにしている。保育の様子を伝える写真や、保育士が聞き取った子どもの声など、保護者の関心をもつものと合わせて、保健のお知らせや行事への協力などを伝えていく。

　最近は、通信機器の発達で、緊急情報だけでなく日々の保育の様子までをスマートフォンやパソコンに発信している保育施設もある。

第2節 »»» 小学校との連携

　小学校への就学で子どもの生活は大きく変わる。小学校では、初めて会う子どもたちと、クラス単位で活動することが中心となる。決まりごとも多くなり、自由に遊ぶ時間も少なくなる。このような小学校生活への適応がうまくいかないと、「小1プロブレム」と言われる状態になることがある。一方、誰もが小学校生活に順調に適応し、心身ともに健康で安全な生活ができるように、保育施設と小学校との連携・協働について積極的な取り組みも広がっている。

（1）小学校との交流活動

　小学校という環境への適応をねらいとするので、年長児が小学校へ行って交流活動している。例えば、1年生の生活科では、コマや凧揚げ、けん玉やお手玉などの「昔遊び」を教わる。そこで名人になると、「年長さんに教えたい」との活動へ発展し、交流できる。運動会の見学や未就学児種目への参加、給食交流会、音楽発表会での交流も可能である。

　就学前に、年長児が小学校の施設見学をすることもあり、小学校の空間の広さや学習の雰囲気、校庭の施設（遊具や飼育動物など）を知っておくことは、入学後の不安を軽くする。

（2）就学前の情報交換

　小学校で秋に実施される就学時検診では、医師による検診だけでなく、教員も就学児の特徴を把握しようと努めている。就学時検診の後には、小学校教員が保育施設を訪問し、聞き取りをしたり、生活の様子を観察したりする。訪問できない場合は電話での聞き取りをするなど、ていねいに情報を取集している。この時、子どもの良さや特徴だけでなく、課題も正確に伝えることが、小学校での適応に役立つ。保育施設からは、さらに詳細に記述された指導要録が小学校へ送付されるので、これらの情報は学級編成や担任の基本情報として活用されている。

（3）幼保小の連携・協働の効果と課題

　まず、効果として、年長児とっては、1年生になった自分の生活する場所や自分の姿を思い描くことができ、就学への期待が膨らむであろう。小学生にとっても、自分より小さい人のために自分ができることをして喜んでもらえると、自己有用感や思いやりの気持ちを育むことができる。また、保育士や教員にとっても、互いに幼児理解、小学校理解が深まる。どちらにも教育的な効果があることは評価すべきである。「幼児期の終わりまでに育ってほしい姿」（「保育所保育指針」第1章）の具体的なイメージをもち、日常の保育実践に役立つ。小学校側は、1年生になる前の姿を知り、個に応じた指導や支援に活かすことができる。お互いに、アプローチプログラムとスタートプログラムの理解を深めての実践につながる。

　課題としては、保育施設と小学校の距離の問題である。徒歩で行ける範囲でなければ、交流は難しい。

　また、保育・教育としてねらいをもった交流活動を成立させるには、十分な事前の打ち合わせをする必要がある。しかし、お互いに日常の保育や授業がある中で、保育士や教員の移動時間、放課後の会議の調整など打ち合わせの時間の確保が難しい。情報交換の場合も同じ課題がある。

第3節 »»» 保健に係る専門職との連携・協働

▶1　組織的な対応

　保育所等には、施設長を筆頭に主任保育士、保育士、看護師、栄養士、調理員等の職員が勤務している。施設の規模や運営の方法によって差はあるが、施設長を中心に全職員の連携・協働を、「報告・連絡・相談（ほう・れん・そう）」の意識を徹底しておくことが大事である。

　緊急対応に備えて手順や役割分担を決め、掲示したり必要な物品を身

近に置いたりして、全職員が共有しておく。例えば、嘔吐やけが、食物アレルギー、てんかんの発作などは、迅速な対応をしながら、報告・連絡も行なわなければならない。特に、ほかの子どもが関わってけがをした場合（他損事故）は、詳しい経緯を聞き取っておくことも大事になる。保護者への説明には、どのような場合にも「いつ・どこで・どのような状況で発生したか・どのような対応を取ったか」を正確に伝えるための記録も必要である。

　また、虐待の疑いがある場合は、緊急性と、事実の把握の正確さが求められるので施設長へ報告をする。発達に関する相談や登園しぶりのような相談では、担当保育士一人の問題とするのではなく、職員で情報を共有し、問題の把握、情報の収集、支援計画・経過観察・評価を組織的に行なう。具体的な子どもの見取り方、援助の仕方、保護者対応などをチームとして検討し対応をしていく。

▶2　専門職との連携・協働

　子どもや家庭をめぐる問題は複雑化、多様化している。子どもの安全と健康を守るためには、ますます早期発見・早期対応・継続的な支援が重要である。問題の種類によって、以下の機関との連携・協働する必要がある。

(1) 児童相談所（児童福祉法第 18 条に規定）

　児童（18 歳未満）に関するあらゆる相談に対応している専門的機関である。職員には、児童福祉司、児童心理司、医師が相談に応じる。

(2) 福祉事務所（社会福祉法第 14 条に規定）

　福祉行政の第一機関として母子から高齢者までのあらゆる福祉の問題（生活保護、障害、人権、介護など）に対応している。児童に関しては「家庭児童相談室」が併設されていて家庭相談員が子育ての問題を抱える保護者に助言や指導を行なう。

(3) 児童発達支援センター（児童福祉法第42条に規定）

障害児に対し日常生活における基本的動作の指導や集団生活への適応のため訓練および治療を行なう。保育施設や学校に通いながら利用できるので、午前は通常の保育施設や学校、午後に通所することも可能である。

(4) 保健所（地域保健法による）

広域的に行なう対人保健サービス、専門技能を要するサービス、多種の保健医療職種による連携が必要なサービスを中心に行なっている。感染症等対策・エイズ難病対策・精神保健対策・母子保健対策がある。

【参考文献】

林邦雄・谷田貝公昭監修、中野由美子編著『家庭支援論』一藝社、2015年

堀浩樹・梶美保編著『保育を学ぶ人のための子どもの保健』建帛社、2019年

前橋明編著『乳幼児の健康　第3版』大学教育出版、2018年

谷田貝公昭・石橋哲成監修、中野由美子・佐藤純子編著『新版 家庭支援論』（コンパクト版保育者養成シリーズ）一藝社、2018年

（野川智子）

第14章 保育における保健活動の計画および評価

第1節 »»» 保健活動の計画とその目的

► 1 保健活動の目的

　保健活動の目的は、何よりも子どもたちがそれぞれの順調な発達・発育のもとで日々の生活を支障なく送ることにある。

　子どもたちの心身ともに健康な状態を保証するために、保育士、関係するすべての大人が、前もって対策すべきことを保健計画としてまとめ、日々の保育の中で実践し、自己評価してよりよい内容へと昇華することが保健活動計画と評価の目的である。また、保健活動は、子どもたちのためだけでなく、保育に関わる大人の健康についても考慮して計画されることが望ましい。

► 2 保健活動計画の位置づけ

　保育所における保健活動計画については、「保育所保育指針」（平成30〔2018〕年4月適用、第3章1項（2）ア）に、次のように定義されている。

　「子どもの健康に関する保健計画を全体的な計画に基づいて作成し、全職員がそのねらいや内容を踏まえ、一人一人の子どもの健康の保持及び増進に努めていくこと」。

　また、幼稚園における保健活動計画は、「学校保健安全法」（平成21〔2009〕年4月施行、第5条）に、次のように定められている。

　「学校においては、児童生徒等及び職員の心身の健康の保持増進を図

るため、児童生徒等及び職員の健康診断、環境衛生検査、児童生徒等に対する指導その他保健に関する事項について計画を策定し、これを実施しなければならない」。

▶ 3 計画と実践の関係

保健計画は、保育現場で実践できるものでなければならない。特に、詳細な計画の内容をまとめる際には、それぞれの項目の優先順位や、計画を実践する状況の確認が重要になる。

また、評価につながる大切な注意点として、状況の変化によって保健計画に変更が必要な際には、柔軟に対応できる計画であることが求められる。計画には、特に決まった書式が定められてはいないが、諸官庁や他の施設の資料等を、インターネットのウェブページなどから参照することができる。

第2節 ≫≫ 保健活動の計画作り

▶ 1 計画作り

保健活動内容の大きな枠組みは、月齢にかかわらず全ての子どもたちに共通する。実際には、その時々の子どもの発達状態やクラス構成、個々の子どもの健康状態によっても、配慮すべき内容が変化する。

計画作りにあたっては、まず保育全体を見わたしながら、年間の保育計画と対応した大きな枠組みの計画から学期ごと、月・週・日ごとの計画を考える方法がある。一方、日々の保育の中で、必要と考えられる細かな保健活動を拾い上げていく方法も考えられる。

いずれの方法にも長所と短所がある。全体から個別の計画を作る場合は、保育全体とのバランスを考えた保健計画をまとめやすくなるが、実

際の保育の中で何を優先するべきかが曖昧になりやすく、個別事案の計画を取りこぼす不安がある。

　逆に、個々の事案を積み上げて全体計画を考える場合は、保育の実情に合わせた計画が作りやすい反面、健康全般についてのバランスのとれた計画にまとめることがむずかしく、想定外のリスクへの対応計画が見落とされないよう注意が必要である。

　大枠の計画から詳細な項目への計画作りと、個別に注意する項目の積み上げから全体計画をまとめる作業を並行して行ない、それぞれを融合させることも一つのやり方であろう。

▶ 2　日々の保育から考える保健活動の計画

　特定の保健活動だけでなく、毎朝の子どもの動きや表情、保護者との挨拶（あいさつ）の際にその日の子どもの健康状態を知ることも大切である。

　個々の子どもの基礎体温や排便の頻度（ひんど）などは、入園時から一覧表にして職員全員が共有しておくと、子どもの体調の変化にも気付きやすい。

　衣服の調節や水飲みの習慣などは、予防の一環として日頃から生活の中で習慣づけを心がけることによって、子どもが自分で体調管理できる部分が増えていくので、日々の保健指導計画に取り入れるとよい。

　梅雨（つゆ）どきや冬期など感染性の病気のリスクが高まる時期には、ふだん以上に手洗い・うがいの習慣が大切になる。使用するコップやタオルの衛生管理にも気を配らなければならない。

　ひとつの保健活動項目だけでなく、連動する他の項目を合わせて考慮することが重要である。

　保育所では、保健師や嘱託医との連携によって保健計画を作ることで医学的視点から有効な保健活動が行なえる。ただし、専門家を頼っただけでは保育とのつながりが不十分になるので、全職員が当事者意識をもって計画作りに関わることが望ましい。

図表 14-1　保育園における年間保健計画記入例

年間保健目標：　・心身共に健康なからだを育てる　・子ども自らが健康と安全に関する力を身につける

	保健目標	保健行事	保健活動	
			通年的に実施	季節的に実施
4月.5月	・新しい環境に慣れ安定して過ごす ・生活リズムを整える	・身体測定(月1回) ・頭囲、胸囲測定(0歳児年2回) ・視力測定(4歳児) ・内科健診(年2回以上) ・尿検査(2歳児以上) ・歯科健診(年1回以上)	年度当初は特に全職員で情報を共有し取り組む ・児童の健康状況、発育発達の把握 ・予防接種状況の把握と勧奨・健康手帳の確認 ・アレルギー児童の把握(食物アレルギー、アトピー、喘息等) ・医療的配慮を必要とする児童の把握 ・睡眠時の観察(睡眠時の事故予防)	・預かり初期の健康状態、睡眠状況の観察と事故防止対策 ・PM2.5等大気汚染環境の対応確認
6月	・歯を大切にする ・梅雨期を健康に過ごす	・職員健康診断(年1回) ・職員検便(月1回)	・発達段階に応じた健康安全衛生管理【こどもの保健参照】 ・発育発達の把握【離乳食の進め方参照】 ・安全対策、所内外の安全点検管理【各マニュアル参照】 ・感染症予防、対策【保育所における感染症対策ガイドライン：厚生労働省、大阪市立保育所における感染症マニュアル参照】 ・保育園サーベイランスの活用 ・感染症集団発生時の状況把握と対応(保健福祉センター連携等) ・室内の環境調整(清掃とおもちゃの消毒、室温、湿度、換気、空調管理等) ・頭髪の観察(アタマジラミの早期発見、予防) ・薬の取り扱い(管理、確認、誤薬防止等) ・事故防止と対策 ・緊急時対応確認(救命処置、心肺蘇生) ・応急手当(緊急時・ケガの手当) ・虐待の予防、早期発見対応 ・害虫による被害対策(毛虫、セアカゴケグモ、ヒアリ等の害虫駆除、虫除け虫刺され対策) ・防災対策、災害への備えと避難訓練等 ・各種健診・測定の準備、対応、事後処理(受診勧奨) ・各種記録表の確認、作成(健康観察表、身体測定表、予防接種感染症罹患状況表、睡眠時観察表 健診結果、アレルギー一覧表、薬連絡票等)	・熱中症対策(暑さ指数)
7月.8月	・暑い時期を健康に過ごす			・紫外線対策 ・食中毒予防 ・プール、水遊びの安全衛生管理と事故防止点検 ・光化学スモッグ等大気汚染環境の対応確認
9月	・生活リズムを整える ・目を大切にする			・運動会の取り組みにおける安全及び健康管理
10月				
11月				
12月				
1月.2月	・寒い時期を健康に過ごす ・冬の感染症を予防する			・PM2.5等大気汚染環境の対応確認
3月	・進級、就学に向け生活リズムを整える	・入所前検診		

情報収集と記録

・児童の健康状態

・予防接種状況

・アレルギー児童

・医療的配慮を必要とする児童

職員学習	保健指導	保護者連絡（おたよりを含む）	年齢別（クラス別）配慮		
			0歳児	1～2歳児	3～5歳児
・緊急時対応シミュレーションの実施（心肺蘇生、食物アレルギー・アナフィラキシーショック対応、熱性けいれん、誤飲事故、睡眠時の事故、プール活動中の事故等） ・嘔吐処理方法 ・手洗い ・エピペン手技 ・避難訓練等	・手洗い、うがい ・生活リズム ・保育所での安全（生活や遊びのルール）	・生活リズム ・健康管理 ・感染症・意見書、薬連絡票の取り扱い ・予防接種勧奨（MR1 期、2 期等） ・各種健診、測定後の受診勧奨	・個々の健康状態、発達を把握し、環境の変化による体調の変化に注意する ・衛生的で安全な生活環境を作る ・SIDS 発生予防のため、睡眠状況を観察する（預かり初期はより強化する）	・健康面、衛生面に配慮しながら安心して過ごす ・環境を整え、ケガや事故（転倒や噛みつき等）を予防する	・自分のからだや健康に関心を持ち、健康安全な生活に必要な習慣や態度が身につくよう働きかける ・健康的にからだ作りができるよう積極的に戸外でからだを動かす
	・歯の大切さ ・歯の衛生（歯みがき）	・夏の感染症 ・紫外線、熱中症の予防策 ・プール、水遊びの衛生管理配慮事項	・快適に過ごせるよう、水分や休息を適宜取り体調を整える ・清潔に過ごし、皮膚トラブルに注意する ・気温変化に応じ衣服調節、空調調節を行う		
	・夏の過ごし方 ・衣服の調節			・安全に水遊びが楽しめるよう個々の健康状態を確認する	・安全にプール遊びが楽しめるよう個々の健康状態を確認 する
	・ケガの対応 ・目の話 ・衣服の調節	・衣服の調節、冬の感染症 ・目の大切さ	・個々の体力に応じ戸外遊びを行う ・気温の変化に応じ衣服調節を行う ・乾燥による皮膚トラブルを予防する		
					・気温や運動量、体調に応じた衣服調節や薄着の習慣が身につくよう働きかける
					・ケガや危険時の対処方法が身につく
	・手洗い、うがい ・咳エチケット ・就学前に向けて（生活リズム等）	・冬の感染症（インフルエンザ、感染性胃腸炎等）	・感染症や風邪からの合併症の予防に努める ・健康、快適に過ごせるよう、環境調整を行う ・外気に触れ、丈夫なからだが作れるよう体調を整える		・風邪を予防する行動が自分から行えるよう働きかける

出典［大阪市、2019］を基に筆者作成

図表 14-2　幼稚園における学校保健計画例

ねらい　健康に関心をもち、その保持増進のための習慣化を図る。

月	目標	保健に関する行事	保健管理		保健教育 学級活動	家庭との連携
			主体管理	環境衛生		
4	・園生活のリズムを身につけよう	・身体検査 ・尿検査	・保健計画の作成 ・測定の準備と実施 ・清潔検査 ・健康観察 ・健康状態の把握	・園舎内外の整備、衛生 ・室内の換気と採光 ・トイレの保清 ・伝染病お伸び食中毒の予防措置	・身体測定の受け方 ・健康診断の受け方 ・トイレの使い方 ・手洗い、うがいを習慣づける	・保健便り発行 ・掲示物 ・身体測定の結果通知
5	・諸検査や健康診断を通して体に関心をもとう	・歯科検診 ・内科検診 ・脊柱検査	・諸検査の準備と実施 ・諸検査の把握 ・学校医の指導、助言 ・園児の衣服の清潔指導	・飲料水の管理 ・水飲み、手洗い場の管理 ・足洗い場、排水の管理 ・幼稚園の清潔（害虫駆除） ・園給食の食品衛生	・身の回りを清潔にする ・ハンカチの使い方 ・髪の毛の清潔	・健康診断の結果通知
6	・梅雨時期の健康に気をつけよう ・歯の健康について関心をもとう	・視力検査 ・聴力検査 ・歯磨き指導 ・良い歯の表彰	・諸検査結果の過程連絡 ・ブラッシング指導 ・梅雨時の健康 ・プール施設、水質検査 ・伝染病および食中毒の予防措置	・環境衛生と事後措置 ・庭木の害虫駆除、消毒 ・口腔衛生の習慣化 ・ゴミの処理	・丈夫な歯について ・正しい歯の磨き方 ・正しいお箸の持ち方や姿勢 ・好き嫌いをなくそう	・歯科検診結果の通知 ・親子ブラッシング指導
7	・夏を元気に過ごそう	・虫歯治療済みの子表彰	・諸検査結果に応じ治療勧告 ・水浴びをするときの注意と健康管理	・プール管理 ・幼稚園の清潔（大掃除） ・保育室の照度、騒音の実態調査 ・害虫駆除	・夏の健康生活 ・健康なウンチをしよう ・虫歯を防ごう	・個人面談 ・虫歯治療の促し ・疾病治療の促し ・夏休みの健康生活
8	・生活リズムを整えよう	・夏休み				
9	・規則正しい生活をしよう ・運動と休息のバランスをとろう	・身体測定	・水道水水質検査	・庭木の害虫駆除 ・飲料水の管理	・戸外で活動的に遊ぶ ・清潔を守る ・疲れすぎないようにする	・個別指導 ・身体測定の結果通知
10	・進んで戸外で遊ぼう			・環境衛生検査と事後措置 ・幼稚園の清潔（大掃除） ・園給食の食品衛生	・姿勢を正しくする ・いろいろな方法で運動して遊ぶ ・薄着に慣れる	・身体づくりについて
11	・身体・衣服を清潔にしよう		・衣服の清潔指導 ・伝染病及び食中毒の予防措置	・風邪の予防	・寒さに向かって衛生的習慣を身につける ・元気に集団的遊びを楽しむ	・インフルエンザ出席停止について ・感染性胃腸炎への対策について
12	・風邪を予防しよう		・暖房設備の使用	・保育室の空気、換気の実態調査 ・幼稚園の清掃（大掃除）	・良い生活習慣を持続する	・風邪予防について
1	・寒さに負けずに元気に過ごそう	・身体検査 ・教職員（保健）委員会			・規則正しい生活をする ・冬の遊びに興味を持つ	・個別指導 ・身体測定の結果通知
2	・園での食事の基本的マナーを身につけよう		・衣服の清潔指導	・伝染病及び食中毒の予防措置	・健康的な生活に必要な習慣や態度を身につける ・いろいろな運動に興味を持ち、進んで行うようになる	
3	・大きくなった心と体、自分の成長を感じよう	・皆勤賞・精勤賞表彰	・保健計画年度末評価	・幼稚園の清潔（大掃除）	・成長への喜びを、良い生活習慣の確立や身体成長・運動機能の発達を通して自覚させる	

出典 ［文部科学省、2019］

► 3　保護者との連携

　集団生活の中で子どもの健康を守るためには家庭での生活習慣、予防習慣が大切であり、各家庭の協力がなくてはならない。

　なお、保健活動を実施する保育士にとって必要な情報と、家庭に向けて保健活動計画の概要として知らせるべき情報のまとめ方には違いがある。保護者に対しても、子どもたちが心身ともに健康を保ち、健やかに成長する上で家庭で注意すべきことや、園の保健活動への協力を得られるよう、日頃から継続的に必要な連絡と健康情報の共有を心がけたい。

第3節 »»» 振り返り（評価）と改善

► 1　記録と評価の関係

　保健活動の評価は、日々の振り返りだけでなく、1 年を通じた保育活動全体の中での位置づけも求められる。評価と改善のためには、効率的な記録のまとめ方を工夫する必要がある。評価の基本は自己評価にあり、記録活動そのものが自己評価の一部になる。

► 2　個人と集団の記録

　具体的な記録の方法には、個人の記録と集団の記録がある。個人の記録では、既往症、アレルギー、基礎体温などの基本情報記録、出欠席記録、身体測定記録、病気やけがの記録などがある。集団の記録には、クラス学年単位の出欠席記録、感染症に関する記録、保健指導実施記録、衛生管理記録、給食日誌などが挙げられる。

　これらの記録活動については保育所ごとの方法があり、また、自治体などが提供する定型の書式を利用することで作業の効率化が図れる。

▶ 3 評価と改善

　保健活動は計画、実践から記録などを通して振り返り（評価）を行ない、内容の改善につなげていく。

　自己評価について、保育所では「保育所保育指針」第4章「保育の計画及び評価」や「保育所における自己評価ガイドライン」に、その位置付けと方法が明記されている。

　保育における自己評価については、「計画（Plan）」「実践（Do）」「評価（Check」「改善（Action）」を繰り返す PDCA サイクルを行なうことで保育の質の向上を目的とする。これは、保健活動についても同じである。このサイクルを効果的なものにするために、保健活動記録が重要になる。

演習問題

1. 日常の保育の中で、注意すべき保健活動項目を、考えてみよう。
2. 保健活動に関する、個人と集団の記録活動と書式について、調べてみよう。

【引用・参考文献】

大阪市「教育・保育施設等のための保健管理に関する参考資料及び参考様式集」(2019年)
　　https://www.city.osaka.lg.jp/kodomo/page/0000470634.html
厚生労働省「保育所における自己評価ガイドライン」2009年
厚生労働省「保育所に於ける自己評価ガイドライン」に関するハンドブック、2019年
厚生労働省「保育所保育指針〔平成29年告示〕」2018年
文部科学省「学校保健安全法」2008年
文部科学省「学校安全計画例」、「学校安全資料『生きる力』をはぐくむ学校での安全教育」
　　付録 (2019年)
　　http://www.mext.go.jp/a_menu/kenko/anzen/1416715.htm

（藤田寿伸）

第15章

家庭、専門機関、地域の関係機関等との連携

第1節 »»» 厚生労働省が示すそれぞれとの連携

► 1 家庭との連携

　保育所保育指針では、保育所の役割として、「家庭との緊密な連携の下に」「家庭や地域の様々な社会資源との連携を図りながら、入所する子どもの保護者に対する支援及び地域の子育て家庭に対する支援等を行う役割を担うものである」（第1章 総則1 (1)）と記載されており、家庭との連携が大いに強調されている（下線は筆者による。以下、同）。

　また、「基本的な生活習慣の形成に当たっては、家庭での生活経験に配慮し、（中略）生活に必要な習慣を身に付け、次第に見通しをもって行動できるようにすること」（第2章 保育の内容3 (2) ア (ウ) ⑤）とある。さらに、「保護者や地域の多様な関係者との連携及び協働の下で、食に関する取組が進められること」（第3章 健康及び安全2 (2) イ）と記載がある。

　このように、生活習慣や生活リズム、食育の観点からも、家庭と保育との生活の連続性に配慮することが求められている。

► 2 専門機関、地域の関係機関等との連携

　保育所保育指針では、「家庭や地域の機関及び団体の協力を得て、地域の自然、高齢者や異年齢の子ども等を含む人材、行事、施設等の地域の資源を積極的に活用し、豊かな生活体験をはじめ保育内容の充実が図

られるよう配慮すること」（第2章 保育の内容4 (3)）と示されており、地域資源の活用の必要性が示されている。

　また、子どもの健康支援について、「子どもの心身の状態等を観察し、不適切な養育の兆候が見られる場合には、<u>市町村や関係機関と連携</u>し、児童福祉法第25条に基づき、適切な対応を図ること。また、虐待が疑われる場合には、速やかに<u>市町村又は児童相談所に通告</u>し、適切な対応を図ること」（第3章 健康及び安全1 (1) ウ）とある。

　子どもの生命の保持や健やかな生活を支える健康と安全を守ることは、保育士としての極めて重要な使命であると言える。

　加えて、「子どもに障害や発達上の課題が見られる場合には、<u>市町村や関係機関と連携及び協力</u>を図りつつ、保護者に対する個別の支援を行うよう努めること」（第4章　子育て支援2 (2) イ）と記載されている。ここでは、特別な配慮を必要とする子どもへの個別のアプローチに加え、地域の関係機関への接続の重要性が示されている。

第2節 »»» 家庭・地域との連携の実際

▶1　生活習慣・生活リズム・食育

　健康で安全な子どもの生活を保障するためには、保育所等と家庭や地域との連携・協働が不可欠である。

　また、子どもの生活は、安定した家庭生活や地域での経験が基盤である。それを、保育の場へと連続性をもってつなげていくために、保育所等と家庭・地域との具体的な連携について考えたい。

　都市化、少子高齢化、核家族化、女性の社会進出、貧困などの様々な影響を受け、子育て世代の働き方、ライフスタイルは実に多様化している。それらの変化に伴い、家庭における教育力の低下や、子どもの生活

習慣、生活リズムの乱れが指摘されている。

　保育所等は、それぞれの保護者のワークライフバランスを理解し尊重した上で、家庭での生活習慣や生活リズム、食生活を整えることの重要性を伝えていかなければならない。

　保育所等での生活は、集団生活の中で育ち合うという性質をもつ。手洗い、うがい、歯磨き、排泄、衣服の着脱などの生活習慣の指導や、食事や午睡などの規則正しい生活リズムの実践を通して、子どもたちが健康で、安全な生活を送る基礎が育まれていく。

　子どもたちは、気持ちよさや心地よさの体験をもって、自立した生活習慣を身につけていくのである。食育に関しても、楽しみながら食事をとることの大切さを伝えるため、季節ごとの旬の食材や、調理の工夫、栽培・農業体験や地産地消の試みなど、様々な取り組みを行なっている保育所等がある。

　保育所等の方針や取り組みは、おたよりやボードへの掲示、クラス通信や SNS などの連絡ツールを活用する。特定の家庭のみならず全家庭に向けて、発信することが大切である。また、送迎時に保護者と保育士とが密なコミュニケーションを図ること、さらには保育参観や保育参加、保護者懇談会などを通して、保護者自身に園での生活指導への理解や気づきを促すことも重要である。

　そして、保育所等では、嘱託医や看護師、栄養士などそれぞれの専門家と緊密な連携をとりながら、健康管理・栄養指導を実施している地域の保健センターや保健所など、関係機関との関係を構築していかなければならない。

▶2　地域と安全教育

　安全教育に対する具体的な取り組みとしては、近隣地域への散歩など施設外の保育で、交通ルールや危険エリアの周知を促すことである。

　また、地域の公園や施設の活用や周辺のごみ拾い活動など、積極的に

保育所が地域とつながりをもつことで、地域住民との日常的な挨拶や声かけを通した交流も生まれる。さらには、地域の大人が子どもに関心をもち、子どもを見守る多くの目を醸成することにもつながる。

さらに保育所等において、警察官や消防士らを招いた交通安全教室や防犯・防災講習会を実施し、交通安全や防災・防犯に対する意識の向上を図っていく取り組みも有効である。

保育所を中心に、子どもの安全を守る地域ぐるみのセーフティーネットを構築していかなければならない。

▶ 3　家庭との信頼関係

家庭との信頼関係は、子どもや保護者に安心感を与えるだけでなく、保護者の育児不安の解消や、虐待を予防することにもつながっていく。保育士は、保護者とともに子どもの健康や育ちを喜び合い、ともに子育てに関わるパートナーとしての存在意義が求められている。

そのため、保育所等と家庭の情報共有によって連携していくことが必要である。

保育所等が家庭から受け取るべき情報は、子どもや保護者の健康状態、保護者との連絡手段、既往歴や予防接種歴、障害の有無、家庭環境、家庭生活の状況などが挙げられる。それらの情報を把握することで、一人ひとりの子どもに応じた個別のアプローチが可能となる。

これらの情報は、入園時のみならず、日常の保護者とのコミュニケーションを通じて、つねに保育士がアンテナを張って収集していくことが望ましい。

一方、家庭に提供すべき情報としては、保育所等生活の実態、事故の発生状況、体調不良時の経緯などがある。

子ども同士のけんかや事故、体調不良時の処置やその後の対応は、子どもの健康と安全に直結する事項であり、保護者に対しても詳細な説明と誠意あるフォローを行なわなければならない。また、感染症に関する

情報やその予防法、地域の不審者情報などについての情報提供や、災害時の連絡方法や引き渡し方法の周知・確認も、子どもの健康と安全を守る上で不可欠である。

　これらの恒常的かつ双方向的な情報のやり取りはもちろんのこと、保育所と家庭の間の信頼関係が重要であることは、言うまでもない。

第**3**節»» 子ども・子育て支援制度

▶ 1　子ども・子育て支援新制度の施行

2015 年 4 月より、地域の子育て家庭の状況や、子育て支援へのニー

図表 15-1　地域子ども・子ども育て支援事業

出典［内閣府・文部科学省・厚生労働省、2015］を基に筆者作成

ズを把握し、地域社会全体で子どもの豊かな育ち、子育てを支えること
を目的とした「子ども・子育て支援新制度」が施行された。

(1) 地域子ども・子育て支援事業

　地域子ども・子育て支援事業とは、市町村が地域の実情に応じて、市
町村子ども・子育て支援事業計画に従って実施する事業である（**図表
15-1**）。

　子育て中の親には様々なニーズが存在する。地域における子育て家庭
のニーズを把握し、就労の有無にかかわらず、すべての子育て家庭を支
える取り組みが必要である。

　核家族化や共働き、地域のつながりの希薄化に伴って、子育てが孤立
し、保護者の負担感は大きくなっている。相談できる相手の少なさは、
孤立する家庭を生み出す要因にもなっている。

　社会から隔絶されたような孤独感を抱きつつ、必死に子どもと向き合
う中で、子どもへの身体的・精神的暴力やネグレクトを含む虐待のケー
スを引き起こしてしまうことさえある。地域社会全体で子どもを守り育
てていくという意識が必要である。

(2) 専門機関との連携

　地域ぐるみで子どもの健康と安全を守り育てるためには、地域の社会
資源を有効に活用することが重要である。

　連携が図られるべき地域の施設としては、市町村の役所、保健セン
ター、保健所、児童相談所、子育て支援センター、医療機関、療育機関
などが挙げられる。

　また、子どもと関わる専門職には、医師、歯科医師、看護師、歯科衛
生士、薬剤師、保健師、栄養士、養護教諭、スクールカウンセラー、
ソーシャルワーカーなどがいる。

▶2　子どもを守る地域ネットワーク

　保育士が担う役割は、多岐にわたる。

　保育を必要とする子どもの健全な心身の発達を図ることを目的とした
ケアワーク（身体的・精神的・物的支援）としての側面だけでなく、ソー
シャルワーク（社会福祉援助技術や相談援助）としての役割をも求められ
ているといえる。

　地域の子どもや保護者に対して子育てや保育に関する指導・助言・情
報提供を行ない、保護者同士の仲間づくりやその場の提供、さらに、地
域の様々な専門家や関係機関とのパイプ役など、社会や地域と家庭とを
つなぐ子育て支援の一端を担うことが期待されている。

　保育所・幼稚園・認定こども園は、乳幼児と保護者をとりまく地域コ
ミュニティーの核としての機能を果たしていくことが、より一層期待さ
れている。

【参考文献】

　内閣府「子ども・子育て支援新制度 なるほどBOOK 平成28年4月改定版」2016年

　内閣府・文部科学省・厚生労働省「子ども・子育て支援新制度 ハンドブック 平成27
　　年7月改定版」2015年

　無藤隆監修、倉持清美編者代表、河邉貴子・田代幸代編、森司朗・吉田伊津美・西坂
　　小百合著『新訂 事例で学ぶ保育内容〈領域〉健康』萌文書林、2018年

　谷田貝公昭・石橋哲成監修、中野由美子・佐藤純子編著『新版 家庭支援論』（コンパク
　　ト版保育者養成シリーズ）一藝社、2018年

　谷田貝公昭監修、谷田貝公昭・髙橋弥生編『健康』（コンパクト版保育者養成シリーズ）
　　一藝社、2018年

（国府田はるか）

【監修者紹介】

谷田貝公昭（やたがい・まさあき）

　目白大学名誉教授、NPO法人子どもの生活科学研究会理事長

［主な著書］『図説・子ども事典』（責任編集、一藝社、2019年）、『改訂新版・保育用語辞典』（編集代表、一藝社、2019年）、『改訂版・教職用語辞典』（編集委員、一藝社、2019年）、『新版 実践・保育内容シリーズ［全6巻］』（監修、一藝社、2018年）、『しつけ事典』（監修、一藝社、2013年）、『絵でわかるこどものせいかつずかん［全4巻］』（監修、合同出版、2012年）ほか

【編著者紹介】

糸井志津乃（いとい・しづの）

　目白大学看護学部看護学科教授 看護学科長

［主な著書］『改訂新版・保育用語辞典』（編集委員、一藝社、2019年）、『改訂版・教職用語辞典』（共著、一藝社、2019年）、『新版 児童家庭福祉論』（コンパクト版・保育者養成シリーズ／共著、一藝社、2018年）、『子どもの保健Ⅱ』（保育者養成シリーズ／共著、一藝社、2016年）ほか

髙橋弥生（たかはし・やよい）

　目白大学人間学部子ども学科教授　子ども学科長

［主な著書］『図説・子ども事典』（編集委員、一藝社、2019年）、『人間関係』（コンパクト版・保育内容シリーズ、共編著、一藝社、2018年）、『健康』（新版 実践・保育内容シリーズ、共編著、一藝社、2018年）、『子ども学がやってきた』（単編著、一藝社、2017年）ほか

【執筆者紹介】（五十音順）

糸井志津乃（いとい・しづの）　　　　［第 1 章］
　　〈編著者紹介参照〉

遠藤由美子（えんどう・ゆみこ）　　　［第 7 章］
　　聖ヶ丘教育福祉専門学校専任教員

金井玉奈（かない・たまな）　　　　　［第11章］
　　富士心身リハビリテーション研究所 所長

国府田はるか（こうだ・はるか）　　　［第15章］
　　茨城女子短期大学保育科准教授

古城恵子（こじょう・けいこ）　　　　［第 4 章］
　　東京都豊島区役所子ども家庭部保育課課長補佐

塩野谷祐子（しおのや・ゆうこ）　　　［第 6 章］
　　松蔭大学コミュニケーション文化学部子ども学科准教授

須藤佐知子（すとう・さちこ）　　　　［第 3 章］
　　文京学院大学人間学部児童発達学科助教

髙橋弥生（たかはし・やよい）　　　　［第10章］
　　〈編著者紹介参照〉

谷川友美（たにがわ・ともみ）　　　［第12章］

　　別府大学短期大学部初等教育科准教授

中垣紀子（なかがき・のりこ）　　　［第9章］

　　和洋女子大学看護学部看護学科教授

野川智子（のがわ・ともこ）　　　［第13章］

　　松蔭大学コミュニケーション文化学部子ども学科准教授

福永知久（ふくなが・ともひさ）　　［第5章］

　　鹿児島純心女子大学看護栄養学部専任講師

藤田寿伸（ふじた・ひさのぶ）　　　［第14章］

　　フェリシアこども短期大学国際こども教育学科講師

三宅香織（みやけ・かおり）　　　［第8章］

　　目白大学看護学部看護学科助教

弓場紀子（ゆみば・のりこ）　　　［第2章］

　　畿央大学健康科学部看護医療学科准教授

装丁（デザイン）・カバーイラスト　小原正泰

〈保育士を育てる〉⑦

子どもの健康と安全

2020年3月10日　初版第1刷発行

監修者　谷田貝 公昭
編著者　糸井志津乃・髙橋弥生
発行者　菊池 公男

発行所　株式会社 一藝社
　　　　〒160-0014 東京都新宿区内藤町 1-6
　　　　Tel. 03-5312-8890　Fax. 03-5312-8895
　　　　E-mail : info@ichigeisha.co.jp
　　　　HP : http://www.ichigeisha.co.jp
　　　　振替　東京 00180-5-350802
印刷・製本　モリモト印刷株式会社